備えて勝つ

島田直也

竹書房

はじめに

夏の甲子園準優勝投手、元プロとして常総学院の完全復活を期す

1987年の夏、私は常総学院のエースとして甲子園のマウンドに立ち、準優勝を果たした。当時の監督は「木内マジック」で知られる木内幸男監督である。入部したての頃は、あの茨城弁を理解するのに四苦八苦したものだが、高校時代の3年間、木内監督から学んだことは計り知れない。本書では木内監督との思い出話とともに「木内マジックとは何なのか?」「木内野球とは?」といったことにも触れさせていただく。

高校卒業後は日本ハムファイターズにドラフト外で入団し、その後横浜大洋ホエールズ(現横浜DeNAベイスターズ)に移籍した。ベイスターズでは、

セットアッパーとして1997年に最優秀中継ぎ賞を受賞し、翌1998年には日本一になることもできた。以降、プロを引退して独立リーグのコーチや監督も務めたが、そのあたりの流れは本書の中で詳しくお話しする。

私が常総学院に指導者として復帰したのは、2020年3月のことである。理事長からお話をいただき、ピッチングコーチとして母校に戻ってきた。

監督になったのはその年の7月、夏の大会が終わった直後だった。前監督である佐々木力先生（現統括）がとてもいいチームを作ってくれていたので、その流れを汲みつつ、私は自分なりにチームを作り上げて秋の県大会に臨んだ。

すると、ふたりのエース格ピッチャーが2本柱として軸になり、私たちは快進撃を続けて準優勝を果たした。そして、その後に進んだ関東大会でも投打が見事に嚙み合って準優勝となり、翌2021年のセンバツ出場切符を手にすることができた。

監督就任1年目から、できすぎとも思える結果である。「1年目の結果はたまたま」と初心を忘れず指導していたものの、監督2年目は秋、夏ともに初戦敗退となり、春も2回戦負けだった。「2年目はそんなにうまくいくはずはない」と心してはいたが、まさか秋、春、夏と続けて大会序盤で姿を消すことになるとは考えてもおらず、高校野球監督の難しさを痛感した。

指導や練習メニューに工夫を加え、心機一転臨んだ2022年の秋の大会ではベスト4まで勝ち進み、それなりに今後の手応えを感じることができた。

2022〜2023年のオフシーズンはいろいろと思うところがあり、練習メニューなどに抜本的な改革を行った（後で詳しくお話しする）。それがどのような結果になろうとも、責任はすべて自分にある。春、夏と結果が出なければ、それなりの責任を取る覚悟もできていた。

そして挑んだ春の大会。初戦に勝つとそのままの勢いで勝ち上がり、土浦日大との決勝も5－3の逆転勝ちを収めて優勝することができた。

続く関東大会では、1回戦で東京2位の関東一と対戦して7－3で勝利。2回戦は群馬2位の明和県央に、7－0の7回コールド勝ちを収めて準決勝進出を果たした。準決勝では千葉2位の木更津総合に0－3の完封負けを喫したが、関東大会ベスト4という結果は、来る夏に向けて選手たちにとっても大きな自信となった。

2023年の夏で監督になって丸3年となる。元プロとして注目を浴びる中で監督に就任した私だが、その真価が問われるのはこれからだろう。他のベテラン監督の方々から見れば私などはひよっこであるし、私の指導も正直いろいろと迷い、悩みながら、それでも前に進まなければと自らを奮い立たせて選手たちとともに毎日練習を続けている。

本書では、常総学院からプロへと進み、現役生活で私が野球から学んだことをはじめ、引退後の裏方生活や独立リーグの監督経験から得た野球と人生の知恵、そしてそれらを今、高校野球の指導にどのように生かしているのか、また日々感じている高校生指導の難しさなども素直に綴らせていただいた。

振り返れば、私の人生は壁を乗り越えることの連続だった。もちろん高校野球の監督となった今も、壁を越える作業を繰り返している。きっと、私の恩師である木内監督も、この壁を越える作業を地道に繰り返していたに違いない。

目の前に現れるであろう大きな壁に備え、壁が現れたらただひたすらにその壁を乗り越える作業に没頭する。壁を越えたらそこから得た学びを生かしつつ、また次に現れるであろう壁に備える。人生とは、気の遠くなるようなこの地道な作業の繰り返しの上に成り立っているものなのかもしれない。

高校野球の指導者としてはまだまだ発展途上の私だが、野球の指導に携わる人たちや球児のみなさん、あるいは社会人として生きながら日々壁を感じている人などにもぜひ本書をお読みいただきたい。そして「島田もがんばっているんだから、自分もがんばろう」と思っていただければ、著者としてこれほどうれしいことはない。

目次

第1章 名将・木内幸男監督の教え

第2章 プロ野球選手として日本一に

第3章 元プロ指導者として――備えて勝つ

第4章 甲子園に行くための練習と戦術

序章

監督就任早々の天国と地獄

ピッチングコーチとして復帰、そしてすぐに監督に就任

2020年3月、私は母校である常総学院にピッチングコーチとして戻ってきた。そして復帰間もない7月末、夏の大会敗戦直後に私は佐々木力監督の後を受け、新監督に就任することになった。

関係者の中には、私が指揮を執ることになった新チーム（1・2年生）のことを「最弱世代」と言う人もいた。でも、私はコーチとして復帰した春以降、2年生以下を中心に見ていたが「このメンバーは言われるほど悪くはないけどな」とずっと感じていた。

ピッチャー、野手ともに素材的にいい選手が結構いた。ただそこまでの5年間、常総学院は甲子園に出場しておらず、野球部全体として自信を失っているように見えた。練習試合ではそこそこ戦えているのだが、大会になるとプレッ

シャーに押しつぶされて負けてしまう。こういった流れが、自信を失っているチームの負の連鎖なんだと感じた。大会へはどのような準備をして臨めばいいのか？　実戦でどう状況判断をして戦っていくべきなのか？　選手たちはそういったことも、あまり理解していないようだった。

この年の夏の大会はコロナ禍にあったため、各都道府県で独自の大会が行われたのはみなさんご存じの通りだ。茨城県では日程の都合などもあり、ベスト8が出揃ったところで大会は打ち切りとなった（本校は3回戦で多賀に2－3で敗戦）。

母校に復帰した頃の流れは第3章で詳しくお話しするが、この夏の大会が終わった直後に、私は佐々木監督からチームを引き継いで新監督に就任した。

先述したように、新チームはまわりが言うほど弱くないと私は思っていた。とくにエース級のピッチャーがふたりおり、この2本柱がうまく機能してくれればそこそこの成績を残せるはずだ。私はそう感じていた。

常総学院の秋の大会は、県南地区大会から始まる。この地区大会は、準決勝まで行けば本大会に進出できる。私たちは順調に勝ち進んで準決勝まで行くのだが、そこで藤代と戦い、この試合内容がとにかくよくなかった。18個のフライアウトを相手に献上して1－2で敗戦。チャンスでも簡単にポンポンと打ち上げ、まったく試合にならなかった。何も考えていない野球の典型である。しかし、この敗戦によって課題ができた。

この県南地区大会中、私は選手たちがどう戦うのかをじっくり見てみたかったので、とくに何も言わなかった。そして、準決勝でフライばかりを打ち上げて簡単に負けた後、ミーティングをした時に「力もないのにそんなバッティングをしていたら、県大会でも勝てるわけないよ」と選手たちに伝えた。

私は、選手たちのバッティングの意識を根底から変える必要性を感じた。そこで、バッティングの練習時に「センター返し」の意識を持つよう徹底させた。打つ方向は、徹底的にセンター返し。センターにライナー性のいい当たりを打つようにする。これをチームの決まりごとにしたのだ。

高校生の成長はすごい！
――選手たちの可能性を感じた秋季大会

とにかく「センター返し」と言い続け、選手たちの体にその動きを染み込ませた。選手たちは、きっと心の中では「監督が言うからやっとくか」くらいの半信半疑だったと思う。

だが、続く県大会でその結果がすぐに表れる。あれだけ打ち上げていた打線のフライアウトが少なくなり、つながりが出てくるようになった。そして、準決勝で私たちは再び藤代と当たり、5－2でリベンジを果たした。

野球においてホームランや長打は、やはり魅力がある。しかし、ピッチャー出身の私から見ると、ホームランを打たれるよりも、単打でつながれてランナーをためられるほうがとても嫌なものである。ホームランは打たれてもその後すぐに切り替えることができるが、ランナーをためられるとプレッシャーがどんどん大きくなり、思い切ったピッチングがしづらくなるからだ。

私たちは決勝で鹿島学園に敗れたものの、県で準優勝となり関東大会への切符を手にした。高校生は時として驚くようなスピードで成長することがあるが、この秋の大会がまさにそうだった。私は選手たちの成長を肌で感じるとともに、指導者の責任の大きさも痛感した。選手を伸ばすもつぶすも指導者次第。今でも毎日「この選手にはどう伝えるのがベストか?」を試行錯誤している。でもきっと、それが高校野球指導者の腕の見せ所であり、醍醐味でもあるのだろう。

5年ぶりのセンバツ出場を果たすために、私たちは関東大会に乗り込んだ。2本柱である秋本璃空と大川慈英の調整は順調だった。ふたりはともに右投げで、140キロ中盤のストレートを投げた。この秋は秋本がエース番号を付けていたが、お互いに刺激し合って切磋琢磨しながら力を高めていくいい関係だった。1回戦の前橋商戦は、秋本の好投に打線も応えて9－0の7回コールド勝ちを収めた。

続く2回戦は準々決勝、相手は千葉の優勝校・木更津総合だった。センバツに出場するには、関東大会でベスト4に入ることがひとつの目安と言われている。つまり、このベスト4を懸けた木更津総合戦が、私たちにとっての大一番だった。もちろん、それは相手の木更津総合にとっても同じである。試合前、私は選手たちに「全力で勝ちにいけ！」と言った。5年ぶりにセンバツに行けるチャンスが巡ってきたのだ。このビッグチャンスを選手たち自身の手で、ものにしてほしかった。

投打が嚙み合い、5年ぶりのセンバツ出場へ

甲子園が懸かった準々決勝の先発は、1回戦で好投したエース・秋本に任せた。秋本は私たちの期待に応えて8回を無失点。打線も1回戦同様、つなぐバッティングで得点を重ねて7回までに5得点、最終回にはダメ押しの4点も追加した。9回裏、最後の締めを任せた大川が1失点してしまうものの私たちは

9－1で勝利し、準決勝へと駒を進めた。

次の準決勝の相手は山梨の優勝校であり、その夏の甲子園にも出場していた強打の東海大甲府だった。東海大甲府は、準々決勝で本大会の優勝候補だった東海大相模を2－1で破り、勢いに乗っていた。

私たちがベスト4入りを決めた後、とある関係者から「準決勝も大事だぞ。コールドのような大差で負けると、センバツ選考委員会の印象が悪くなるから」と言われた。勝って兜の緒を締めよ。私たちは浮かれることなく、気を引き締め直して準決勝に臨んだ。先発は、前の試合で1イニングしか投げていない大川に任せることにした。

この日の大川は、持ち味であるストレートがとても走っていた。大川のストレートはイニングを重ねるごとにキレを増し、守りのリズムのよさが攻撃にも影響したのか打線がここでも爆発。なんと東海大甲府を相手に10－0、私たちはよもやの6回コールド勝ちを収めたのである。

決勝進出で、私たちは5年ぶりの甲子園出場をほぼ確実なものにした。決勝の相手は甲子園常連校の健大高崎。実は秋季大会前の練習試合で健大高崎には勝っていたため、私は「今の勢いなら優勝できるかもしれない」と思っていた。しかもここで勝てば、秋の関東大会で優勝するのは常総学院にとって20年ぶりのこととなる。木内監督にいい報告をするためにも「ここまで来たら優勝するしかないぞ」と選手たちに伝えた。

先発のマウンドには、エースの秋本を上げた。パワーの健大高崎と、打線のつながりで勝ち上がってきた本校とではカラーが異なるものの、ある程度の打ち合いになるだろうと私は予想していた。

いざ試合に入ると、序盤は健大高崎がつなぎのバッティングで得点を重ね、5回表までに0－5と5点差をつけられてしまう。しかし、うちの打線も5回裏以降に粘りを見せ、7回に7－5と逆転を果たした。その後、9回表2アウトまで勝っていたのだが、そこから追い付かれて延長戦となり、延長11回にソロホームランを2本打たれて万事休す。私たちは残念ながら7－9で敗れた。

20年ぶりの関東優勝こそならなかったものの、最後の最後までつなぐ野球ができていたのは、やってきたことが間違っていないことの証明である。関東大会準優勝という成績でほぼセンバツ出場も手中にし、本校にとっても私にとっても非常に満足のいく秋の大会となった。

木内幸男監督への関東大会準優勝報告が最後の会話に

母校にコーチとして戻ってくることが決まった2020年の春先、私は木内監督のご自宅にご挨拶に伺った。その時、木内監督はガンで闘病中だったそうだが、元気なお姿で私を迎え入れてくれた。私の復帰を「よく戻ってきてくれた」と、とても喜んでくれて「プレッシャーもあると思うが、がんばれよ」と激励の言葉もかけていただいた。

そして夏に監督となり、秋の関東大会で準優勝。常総学院にとっては5年ぶりのセンバツ出場もほぼ確定していた。木内監督は「選手たちを甲子園に連れていくのが俺の仕事」といつも言っていた。私も監督として、選手たちを甲子園に連れていくのがひとつの使命だと思っていたが、まさかこんなに早くそれが実現するとは自分自身、信じられない思いだった。

「そろそろ、関東大会準優勝の報告に木内監督のところに行こう」と思っていた矢先、木内監督のご家族から「この後、入院することになりました。入院したらしばらく面会できなくなるので（コロナ禍だったため）、ぜひ会いに来てほしい」と連絡が入った。私は後輩の仁志敏久（現横浜ＤｅＮＡベイスターズ二軍監督）とともに、一緒に木内監督宅を訪ねた。

木内監督は痩せ細っていて、半年前にお会いした時とは別人のようだった。その変わり果てた姿に、私は前回とのギャップを感じてとても驚いた。私にとって木内監督は、昔からスーパーマンのような存在で「この人は絶対に死なない」となぜか思っていた。だから、木内監督のあまりの変わりように声を失った。何を言おうか私が戸惑っていると、木内監督が声を振り絞ってこう仰った。

「よくやった、島田」

グラウンドで怒鳴り散らしていた頃の木内監督の声に比べれば、100分の1にも満たないくらいの小さな声だった。でも、私には木内監督の魂のこもった言葉がしっかりと届いた。そしてそれは、私が木内監督から初めて褒められた瞬間でもあった。

「ありがとうございます」

うれしさとともに、胸に熱いものが込み上げてくる。

「木内監督のためにも、センバツでがんばらなければ！」

決意を新たにして、私と仁志は木内監督宅を後にした。

しかし、残念ながら、これが木内監督と私が交わした最後の会話となってしまった。私たちがお会いしてから少し経った2022年11月24日、木内監督がお亡くなりになったという連絡が学校に入った。享年89歳。今でも、耳の奥には木内監督から褒められた最後の言葉が残っている。

木内監督との現役時代の思い出は、数えきれないくらいたくさんあるが、本書の中で追ってご紹介していきたいと思う。

監督として初めての甲子園
――高校野球の試合には考える時間があまりない

今だから言えることだが、秋の大会に入る前の段階で、投手2本柱の調子がとてもよかったので「これで甲子園に行けなかったらやばいな」と内心思っていた。秋本と大川のがんばりと、打線のつながりでセンバツ出場を決めたのは、甲子園から遠ざかっていたうちの選手たちにとっても大きな自信となった。

関東大会が終わり、私は選手たちに「春に向けて、一回フラットにするからな」と言った。これから迎えるセンバツ大会に向けて、レギュラーも補欠も関係ない。秋の大会はみんながんばってくれたが、それは一旦白紙に戻して冬にがんばった人間をセンバツに出場させる。選手間の競争力をさらに高め、春にチーム力を一段も二段もアップさせるために、私は選手たちにそう言って気合を入れ直したのだ。

そして一冬越えた結果、秋の大会では登録されていなかった2名が、センバツでベンチ入り（18名）を果たした。

自信を持って臨んだ春のセンバツ。抽選の結果、1回戦の対戦相手は甲子園常連校として知られる敦賀気比に決まった。敦賀気比は今のうちとは違い、ほぼ毎年のように甲子園に出場している超強豪校である。選手たちも、自分たちより敦賀気比のほうが強いと感じているようだった。

いきなり高めのハードルを設定されたことによって、選手たちは意気消沈するかと思ったが、それは杞憂に終わった。試合当日の選手たちは、やる気を感じさせる引き締まったいい表情をしていた。

敦賀気比はうちと同様、ふたりの看板ピッチャー（エース左腕の竹松明良〈3年〉と右腕・上加世田頼希〈2年〉）を擁していた。私たちは2回表の攻撃で先発の竹松投手から4点を奪い、序盤からリードする展開となった。

その後、4回に追加点のチャンスが巡ってくるのだが、そこで敦賀気比は上加世田投手ではなく、サードを守っていた本田克選手をマウンドに上げた。うちとしては、まったくノーマークのピッチャーだった。投球練習を見ていると、スリークォーターからキレのある球を投げ込んでくる。このチャンスの場面では追加点を奪えず、以降も本田投手に抑え込まれて無得点が続き、逆にうちは秋本が7回に3失点して、4－3の1点差にまで詰め寄られた。

8回、敦賀気比は上加世田投手に継投するが、私たちはその上加世田投手から1点をもぎ取り5－3の2点差とした。さらに1アウト、ランナー一・三塁のチャンスが続くのだが、ここで私はプロ野球と高校野球の違いを思い知ることになる。

プロ野球は試合の流れがゆったりしており、考える〝間〟がそれなりにある。しかし、高校野球はピッチャーの投げるテンポも速く、その考える〝間〟がとても短い。一・三塁のチャンスの場面ではスクイズも考えていたのだが、私は終盤の大事な局面で、この〝間〟に見事にやられてしまった。采配を考えているうちに、高校野球独特の早い展開でゲームはどんどん進み、結局何も手を打てずにダメ押しの1点を奪うことができず、8回表の攻撃が終わったのだ。

そして、8回から継投した大川が、立ち上がりを敦賀気比に攻め込まれて2失点。8回を終わって試合は5－5の振り出しに戻ってしまった。8回に2失点した大川は、9回裏にも1アウト満塁の絶体絶命のピンチを迎えてしまう。しかし、ここはバッテリーがうまくしのぎ、試合は延長戦に突入した。

監督として多くを学ばせてもらった初の甲子園

敦賀気比とのセンバツ初戦。厳しい戦いになるであろうことは予想していたが、そのきつさは私の予想をはるかに上回るものだった。

延長に入ってからも毎回毎回ピンチの連続で、私は生きた心地がしなかった。でも、そんな自分を客観的に捉える余裕はまだあり「弱いな、俺は……」と思いながら采配を振っていた。現役時代を振り返っても、グラウンドでプレーしているほうがずっと楽である。監督のほうがはるかにきついということを、甲子園で思い知らされた。

結局延長12回までに決着がつかず、13回からは規定通りタイブレーク（無死一・二塁からスタート）に突入することになった。私は「準備が大事」といつも選手たちに言い続けてきたのに、センバツ前にタイブレークに備えた練習をまったくしていなかった。自分の考えでは、今の2本柱中心のチームなら勝つにしろ、負けるにしろ、延長戦はないと踏んでいたのである。ここにも、新米監督の甘さが出てしまった。

トップバッターは先発降板後、ファーストに回っていた秋本だった。秋本はうちのメンバーの中でもミート力に優れたバッターだ。バントはまったく考えず、打席に入る前の秋本に「バスターやるから。初球はバントのふり。ボールだったら2球目バスターな」と伝えておいた。こちらの読み通り、1球目はボールとなって指示を出した2球目。なんと秋本は、バントの構えから何事もなかったかのように見逃してそれがストライク。「おいおい、何やってんの⁉」と私は心の中で叫んだ。

そのまま3球目も、バスターのサインを出した。秋本はアウトローの難しいボールを逆らわずにしっかり叩き、一・二塁間を破るタイムリーで勝ち越し。その後も2本のヒットが出て4得点。しかし、スコアが9－5となっても、私はまったく安心できなかった。うちが4点取っても、敦賀気比に同じことをやられる可能性は大いにあるからだ。

4点差なので、バントはまず考えられない。「ふたりのランナーは還されてもいいから、アウトをひとつずつ取っていこう」。イニング前、バッテリーにはそう伝えておいた。

そして、大川は13回裏をしっかり無失点に抑え、私たちは悲願の甲子園1勝を挙げた。試合前、選手たちに「30年ぶりに甲子園で校歌が歌いたいから頼むぞ」とお願いしていたのだが、選手たちが私の願いを叶えてくれた。

「はじめに」で少し触れたが、私は高校時代に夏の甲子園でエースとして準優勝したことがある。また、プロに入ってからも、横浜ベイスターズの中継ぎとして甲子園では何度も投げた。当然、甲子園の雰囲気は知っていたのだが、常総学院の監督として初めて挑んだ甲子園に私は圧倒された。現役時代とはまったく違う景色が、そこにはあった。そして、改めてこう思った。

「甲子園っていいな」

私たちは5年ぶりに甲子園で挙げた勝利の余韻に浸りつつ、球場を後にした。

初めての甲子園で得た教訓

2回戦の相手は中京大中京だった。150キロ超のストレートを投じる大会注目度ナンバー1のエース・畔柳亨丞を擁する中京大中京は、優勝候補にも挙げられていた。

選手たちも、さすがに分《ぶ》が悪いと感じていたのだろう。みんなどこか表情が冴えない。そこで、私は選手たちを和ませようとこんな話をした。

私が現役で出場した1987年の夏の甲子園の時、1回戦が福井商で、その後勝ち上がって、準々決勝で中京（現中京大中京）と当たり勝利していたのだ。今回のセンバツでは、1回戦の敦賀気比は福井代表であり、私の時と同じだった。だから、私は選手たちに「1回戦の福井代表に勝ったのは俺の時と同じ。俺たちはその後当たった中京にも勝った。だから、お前らも中京に勝てるんじゃないの」と。

しかし、やはり現実は冗談のようにはいかなかった。序盤から中京大中京打線に小刻みに得点され、4回が終わって0－8と大量リードを許し、全国トップレベルの力を思い知らされた。

畔柳は球威だけでなく、ピッチングの技術にも長けていた。ランナーがスコアリングポジションに進むと、ギアを一段上げてきて付け入る隙をまったく与えてくれないのだ。

中京大中京は打線の力もすごかった。秋本が自信を持って投げたボールを、ことごとく弾き返された。これまでは強豪校のバッターを抑えてきたボールを打たれ、秋本はどこに投げればいいのかわからなくなってしまったようだった。

5回からピッチャーを大川にスイッチした。さらに8回に3番手ピッチャーの伊藤地宏を注ぎ込むも2失点したため、9回はピッチャー登録ではなかった控え選手をマウンドに上げざるを得なくなってしまった。結局、私たちは優勝候補の中京大中京に5－15の大敗を喫した。

急遽の登板となった控え選手には、本当に申し訳ないことをしたと思う。センバツを決めた秋の関東大会まで、2本柱がいれば何の問題もなかったため「甲子園でも2本柱にプラスしてひとり、計3人のピッチャーを用意しておけば何とかなるだろう」と考えていたのだが甘かった。

投手陣3人では、甲子園では通用しない。やはり4～5人のピッチャーがいないと戦えないことを私は悟った。すべては私の経験不足、勉強不足が招いた結果である。

投手陣の構成に加え、私は甲子園で「守り」の大切さを改めて感じた。この試合、点差は10点と大きく開いたが、安打数は中京大中京が15、うちが11と点差ほどの開きはなかった。では、何が原因でこれだけの点差になったのか？

それは守備のエラーと攻撃時のバントの失敗だ。

よく言われることだが、バッティングにスランプはあるが、守備と走塁にはスランプがない。だから、守備と走塁をしっかり鍛えたチームには、ちょっとやそっとでは動じない地力がある。5年ぶりの甲子園出場を果たした本校には、その地力がなかった。久しぶりに訪れた甲子園が、高校野球で必要なものは何か、今の私たちに欠けているものは何かを教えてくれた。

春夏連続甲子園出場を狙う夏の茨城大会開幕

2021年のセンバツに出場した後、私たちは春の茨城大会に臨んだ。準々決勝の明秀日立戦を4－3でものにすると、そこから勢いに乗り、決勝の常磐大高戦は18－6の大勝を収めて優勝。私たちは秋の大会に続き、関東大会進出を果たした。

実は、この茨城大会で秋本が右肘を故障してしまったため、関東大会は2本柱のもうひとりである大川を中心に対応せざるを得なくなった。それでも打線が好調だったので二桁得点で2連勝すると、準決勝では関東一と対戦することになった。

私自身、関東大会で関東一と当たるのは、現役時代に続いて2度目のことだった。1987年、高校3年時の春の関東大会の準々決勝で関東一と対戦して、その時は5－6で負けていた。でも今思えば、この敗戦の悔しさが糧となり、夏の茨城大会優勝につながったように思う。

監督として臨んだ2度目の関東一戦。先発はもちろん大川に任せたのだが、8回と2／3を投げて11安打6失点という内容。うちが得点した後に失点するなど、リズムに乗ることができず、関東一に逆転サヨナラ負けを喫した。スコアは奇しくも、私の現役時代と同じ5－6だった。

大川は140キロ台中盤のいいストレートを投げるが、この頃はまだ勢いだけで投げているピッチャーだった。試合後には「もっと考えて、厳しいところ

を攻めていかないと。それだけのコントロールも付けないと、全国レベルでは
また打たれるよ」と伝えた。

春の関東大会の悔しさを胸に、私たちは夏の甲子園出場に向けて練習に励ん
だ。だが、秋本の故障は完全には治らず、野手として登録することになった
（それでも、大会直前には打者1巡分は投げられるくらいに回復した）。

「春夏連続甲子園出場」

この目標を成し遂げるための夏の大会が開幕した。結果として、私たちは決
勝戦まで駒を進めるのだが、順調とはとてもいえない勝ち上がり方だった。初
戦こそつくば工科を相手に11－0で勝利するものの、その後はすべて1点差、
ギリギリの戦いが続いた。

見えないプレッシャーとの戦い

4回戦の茨城キリスト戦は初回に2点を先制するも、続く2回に相手に5得点を許し、すぐに逆転されてしまった。しかも相手に打たれたわけではなく、すべてこちらのエラーで得点を献上するという完全な負けパターンである。でも、選手たちはあきらめずに小刻みに得点を重ねて逆転勝ちを収めた。

試合が終わっても、選手たちはまったく喜んでいなかった。自ら苦しい展開に持ち込んだわけで、喜んでいられないのも当然といえば当然なのだが、この大会を通じてチームはずっと重苦しいムードに包まれていた。1点差での勝利も、しぶとく勝っているというよりは、ミスで自分たちの力を出しきれず、接戦にしてしまっているだけだった。試合後、私としては「失敗はしょうがない。次に持ち込むな、切り替えよう」と選手たちに言うしかなかった。

準々決勝の相手は土浦日大。大会前、私が一番マークしていたチームが土浦日大だった。この試合も、6－5の1点差勝利。技術云々というより、選手たちの力で勝ち切った試合内容だったため、私は「これで選手たちも切り替えて、いい雰囲気になっていくだろう」と手応えを感じていた。

準決勝の水城は好投手を擁していたが、私たちが2－1で競り勝った。ミスも少なく、いい内容の試合だった。「この流れで決勝もいける」。私はそう確信していた。

そして迎えた、鹿島学園との決勝戦。選手たちが意気込みすぎたのか、ミスも重なり初回にいきなり3点を失った。しかし、まだ初回である。「まだまだいけるぞ」と選手たちを励まし続けたが、毎回のように巡ってくるチャンスを生かすことができず、スコアボードには0が並んだ。

私たちの最後の攻撃となった9回裏、2アウト一・三塁から、秋本が執念でレフトオーバーのタイムリーを放つも反撃はここまで。初回に失った3点を引っくり返すことはできず、目標としていた春夏連続甲子園出場は達成できずに終わった。

最終回の追い上げは、常総学院らしい粘り強さを見せられたと思う。しかし、初回から得点できるチャンスはうちにもあった。序盤に1点でも2点でも入っていれば、これほど苦しい展開になることも、負けることもなかったはずである。これはすべて、監督である私の責任だと認識している。

私も選手たちも、2季連続の甲子園出場を目指していたが、心の中では「甲子園には絶対に行ける」と確信めいたものがあった。チームをいつも支えてくれている周囲の人たちも、きっとそう思っていたはずだ。

でも大会直前あたりから、どこかいつもと違う空気がチームに漂っていた。「春夏連続甲子園出場」「3年生にとっては最後の大会」というプレッシャーが、選手たちを気負わせてしまったのだろうか？　それとも、チームに「俺たちは強いんだ」というおごりがあったのだろうか？　大会の序盤、不甲斐ない試合内容が続いたので「こんなんでいいのか！」と私も選手たちに強く言いすぎたのかもしれない。

今振り返れば、雰囲気のよくないあのようなチーム状態で、逆によく決勝まで行けたなと思う。選手たちは本当によくがんばってくれた。不甲斐ないのは、監督であるこの私だったのだ。

2022年夏の大会でよもやの初戦敗退

春夏連続甲子園出場はならなかったものの、夏の茨城大会で決勝まで進出できたのは、チームに地力が付いてきている証である。だが、私は夏の大会が終わり、選手たちと同じように自分自身も監督として進化を続けていかなければならないことを痛感していた。

「2年連続のセンバツ出場を目指すぞ」と、次の春夏に向けてまた新たな一年が始まった。そして迎えた2021年秋の大会本戦。私たちはいきなり出鼻をくじかれることになる。

初戦（2回戦）で水戸葵陵と当たり、2－3で敗退。たしかに、前チームほどの力はなかったかもしれないが、まさか初戦敗退になるとは私自身まったく思ってもいなかった。

一冬越え、満を持して臨んだ春の大会では、2回戦で常磐大高に4－5で負けた。秋、春と続けて大会序盤での敗退。しかし、ここで私は夏の大会までの間に、チームをしっかりと立て直すことができなかった。なんと夏の大会では、初戦（2回戦）敗退。相手は科学技術学園日立だったが、試合は5－5で延長戦となり、10回にサヨナラ負けを喫してしまった。

夏の大会の初戦敗退は、1984年創部の常総学院野球部の歴史の中でも初めてのことである。夏の大会の入り、初戦は難しいと先輩監督方から常々聞いていたし、私も「気を付けなければ」と警戒していた。しかし「負けたら終わり」というプレッシャーを、選手以上に私が感じていたのかもしれない。プロとは違う、一発勝負のトーナメント戦の難しさを再認識させられた一年だった。

2021年の秋から思うような結果が残せず、まわりからの風当たりも強くなった。勝っているうちはいいが、負けが込めば手の平返しで周囲からいろいろと言われるようになる。これは、監督という職業に付いて回る試練なのだろう。それまではネットで情報収集などもしていたが、私に対する批判、誹謗中傷も多く見かけるようになり、夏の大会が終わってしばらくの間はネットを見ることもやめた。

負けた選手たちのことを思えば「私の経験不足」では済まされない話である。負けた時には、選手たちに対して申し訳ない気持ちでいっぱいになる。だが、監督である私は、そこで凹んで立ち止まっているわけにはいかない。喜びも、悔しさも、屈辱も糧として、前へ進んでいかなければならない。

2022年の秋に始動した新チームは、これまで以上にまとまりのあるいいチームだ。秋の大会ではベスト4進出を果たし、一冬越えた2023年春の茨城大会では2年ぶりに優勝することができた。準々決勝（対藤代、4―2）、準決勝（対常磐大高、6―5）、そして決勝の土浦日大戦は延長10回タイブレークの激戦を制し、3試合連続の逆転勝ちで2年ぶり16度目の優勝を果たした。

この飛躍をもたらしてくれたのは、2022〜2023年にかけて行ったオフシーズンのトレーニングだと思っている。私は選手たちにより成長してもらうため、思い切った練習メニューの改革を行った（そのことに関しては第4章で詳しくお話しする）。それがいい形で実り、春の茨城大会優勝につながった。

続く関東大会でも、1回戦の関東一戦、2回戦の明和県央戦も勝って準決勝に進出。準決勝では木更津総合に0－3で敗れたが、選手たちにとって関東大会ベスト4という記録はとても自信になったと思う。この結果を糧に、来る2023年夏の大会に向けてがんばっていきたい。

ちなみに、今回の関東大会の準決勝の会場は、私の思い出がたくさん詰まった横浜スタジアムだった。試合前日の公式練習の際、久しぶりにマウンドに立ってスタジアムを見渡すと、現役当時の思い出が次々に蘇ってきた。春季大会を勝ち上がり、ここまで連れてきてくれた選手たちには、本当に感謝である。

今の茨城の野球少年たちに行きたい学校を聞くと「常総学院」と言ってくれる子は少ない。中学生を視察に行き、やはり勝たないと選手が集まらないことを痛感している。我が常総学院は、優勝が宿命づけられたチームなのだ。

茨城の野球少年たちが、かつてのように「常総学院に行きたい」と言ってくれるように、選手たちとともに私自身も成長しながらがんばっていきたい。

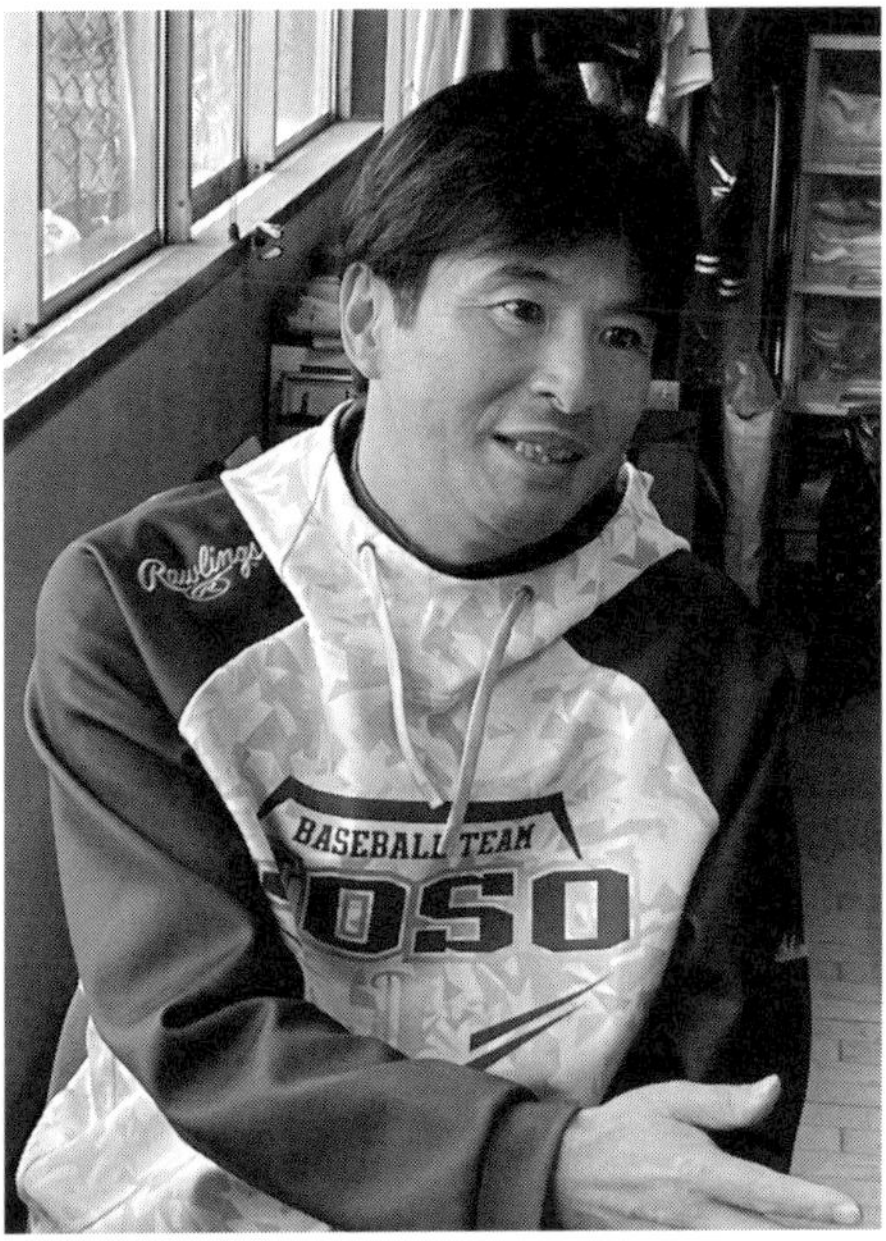
Rawlings
BASEBALL TEAM

第1章

名将・木内幸男監督の教え

野球との出会い
――親子鷹でがんばった小学生時代

父が野球好きだったこともあり、私は物心ついた頃から家ではテレビでプロ野球、外では友だちと野球をして毎日遊んでいた。

初めて野球チームに所属したのは、小学校1年生の時である。柏市の学童野球チーム「高野台ジャガーズ」で私は野球を始めた。父もコーチとしてチームの手伝いをするようになり、ここから親子で野球漬けの生活がスタートした。

肩の強かった私は、低学年の頃から高学年に交じってレギュラーとしてプレーしていた（最初は外野をやっていたように記憶している）。放課後に、みんなと野球をして遊ぶ時の私のポジションはピッチャーだった。目立ちたがり屋だからピッチャーをしたかったというのもあるが、投げるボールが同級生の誰よりも速かったので、自然とピッチャーをするようになっていた。

高学年になると、私はチームのエースとして毎試合投げるようになった。この頃、父はチームの監督になっていた（私が卒業した後もずっと監督をしていたので、柏の学童野球界では知られた存在だったようだ）。

6年生の時の最後の市内大会は準優勝だった。親子鷹で優勝というわけにはいかなかったが、その後、父は監督としてチームを何度も優勝させていた。私以外にも、甲子園出場を果たしたOBを何人か輩出しているとも聞いている。

私が今でもこうして野球を続けているのは、間違いなく父の影響が一番である。

チームの監督としての父は、とても厳しかった。野球の技術的なことよりも、礼儀や挨拶に関して厳しく指導を受けた記憶が残っている。私も小学生だったので、グラウンドでは思わず「お父さん」と呼んでしまうことがたびたびあったが、その都度父から「監督と呼べ」ときつく叱られた。「グラウンドに出たら親子じゃないんだぞ」とよく怒鳴られたものである。

父の指導は厳しかったが、野球を辞めようと思ったことは一度もない。私は心の底から野球が好きだった。私だけでなく当時の野球少年は、みんな平日も土日もなく、野球ばかりして遊んでいた。この頃に育んだ「野球が好き」という気持ちが、その後私の目の前にたびたび現れる「壁」を乗り越えるための原動力になっているように思う。常総学院で甲子園を目指していた時も、プロになってからも、私がへこたれずにやってこれたのは「野球が好き」という気持ちが根本にあったからだ。

不遇の中学時代
——試合に出してもらえなくても腐らなかった

小学校を卒業すると、私は地元の柏市立富勢中学校に進学した。そして、そこの野球部にすぐに入部して野球を続けた。

当時、富勢中には私が所属していた高野台ジャガーズの他に、布施リトルジャイアンツとスーパーナインという学童野球チームも学区内だったことから、それぞれのチームから選手たちが入部してきていた。私と一緒に入部したメンバーを見て「これは強いチームになるぞ」ととても期待したのだが、在学中はそれほどの成績は残せなかった。

当時から体のあまり大きくなかった私は、中学入学当初の身長が140センチ台だった。でも、先輩や同級生たちのプレーを見て「俺が一番うまい」と確信していた（当時から私は〝根拠のない自信〟が自分の中にみなぎっていた）。それなのに、当時の監督は私をレギュラーでは使ってくれなかった。

投げる球は相変わらず誰よりも速かったので、ピッチャーをしたくてうずうずしていた。でも、ピッチャーはもちろん、他のポジションでもレギュラーにはなれなかった。試合に出られるようになったのは、最上級生となった2年の秋以降である。しかもピッチャーではなく、サードなどを守っていた。練習試合などでたまにちょっと投げることはあったが、結局本格的にピッチャーをすることはなく私の中学野球は終わった。

それでも、私は野球を嫌いになることもなく、むしろ持ち前の〝根拠のない自信〟によって「高校に行ったらピッチャーで勝負してやる」という気持ちが大きくなっていた。

私の身長が伸びたのは高校に入ってからだ。プロに入ってからも身長は伸び続け、今の身長は175センチである。中学の時が140センチ台だから、私の身長は20歳くらいまでに30センチほど伸びたことになる。もし今、中学生で身長の低いことに悩んでいる人がいても、まだこの先いくらでも伸びる可能性があるので心配しないでほしい。ただ、成長の土台となる栄養は絶対に欠かせないので、食事をたくさん食べることだけは忘れないように。

話がちょっと逸れたが、私は中学を卒業して常総学院に進学する。中学時代に野球でたいした実績も残していない私が、なぜ木内監督率いる常総学院に入学することになったのか。詳しいいきさつは、次項でお話ししたい。

〝根拠のない自信〟に導かれ、常総学院に入学

当時、私は千葉県柏市に住んでいた。高校に進むにあたり、私は「野球は続けたい」ともちろん思っていた。ただ、そういった場合、普通であれば「あの高校の野球部が強いから」「あの監督の指導がいいから」などといろいろな情報を集め、進学先を選択するものだと思う。でも私は「千葉県内のどういった学校が強いのか」「甲子園に出場しているのか」といった情報にとても疎く「高校では甲子園に行きたい」くらいにしか考えていなかった。

そんな私を、小学生時代から一緒に野球を続けていた幼なじみが「常総学院を受けてみようよ」と誘ってくれた。茨城の常総学院は県外だが、柏からは近い。詳しく話を聞くと、その年の夏にPL学園を破って日本一になった取手二の木内監督が、秋から常総学院に移って監督をしているのだという。常総学院はその2年前にできた新設校だった。

当時は千葉県にも印旛や拓大紅陵、習志野といった甲子園出場経験のある強豪校は存在したが、常総学院は柏から距離的にも近かった。幼なじみが一緒に受けようと言ってくれているし、しかもそこには日本一になった監督がいる。

「日本一の監督がいるなら、そこに進めばきっと甲子園に行ける」

こうして、よくいえば直感的、悪くいえば安直な理由で私は常総学院を受けることにした。もちろん、中学時代に何の実績もない私は一般受験である。当時の常総学院は、生徒であれば誰でも野球部に入部することができた。そして受験の結果、私たちはめでたく合格となり、木内監督のもとで野球をすることになった。今にして思えば、幼なじみが私のことを誘ってくれなければ、私が甲子園に行くことも、プロ野球選手になることもなかったかもしれない。彼には今でも本当に感謝している。

入学して野球部の練習に参加して、まず最初に驚いたのは新入部員の数だった。たぶん、120名くらいはいたと思う。私たち新入生は常総学院の3期生だったが、日本一の木内監督がいると聞きつけて、県内外から例年にも増して多くの部員が集まっていた。

当時は2・3年生合わせて30名ほどだったので、私たちが入学した当初は野球部に150名ほどが在籍していたことになる。部員はAからEの5グループに振り分けられ、試合に出られるのはAとBのメンバー。CDEのメンバーは、球拾いやランメニューをこなすくらいしかやることがない。そんな環境のため、入学早々1年生部員は半分ほどに減った。「肩が強く、足が速い」くらいしか取り柄のなかった私は、Dに振り分けられていた。

学校側は前年に木内監督を招き、甲子園に行けるチーム作りをしようとしていた。だから私の学年には、近隣から集められた有望な選手が数名いた。もちろん、そういった選手は私から見ても「うまいな」「すごいな」と思わせる何かを持っていた。

だが何度も言うが、私には小さい頃から〝根拠のない自信〟があった。中学時代も、それほど強いチームではなかったが「市内で俺が一番うまい」と思ってやっていた。だから常総学院に入ってからも、部員数はたしかに多かったが「がんばれば、俺はレギュラーになれる」と確信していた。

Dから這い上がるには、何としても木内監督に認められなければならない。当時の私の身長は、160センチ程度（卒業時で172センチ）。体格だけ見れば、まったく目立たない。だから、私は毎日「どうやったら木内監督の目に留まるのか」だけを考えて練習に取り組んでいた。

体は小さいが、肩と足には自信があった。同学年の中では私の投げる球が一番速かった。「小さくてもこれだけ投げられるんだ」とアピールするために、毎日進んでバッティングピッチャーを務めた。

もちろん、そこで先輩たちに打たせるつもりなど毛頭ない。先輩たちを相手に練習でも本気で投げ、三振を取りにいった。そうこうしているうちに、木内監督にも「なんか1年に生きのいいのがいるな」と思ってもらえたのだろう。当時の野球部の寮にはレギュラー候補だけが入るシステムだったのだが、ある日木内監督から「島田、寮に入れ」と言われた。常総学院のエースとなるための第一歩が、ここから始まったのだ。

名将・木内幸男監督の野球

高校時代の私は、木内監督に認められたくてとにかく毎日必死だった。ピッチングはもちろんだが、バッティングだろうが走塁だろうが、チャンスが巡ってきたら「絶対にこのチャンスを生かして、アピールする」と常に思っていた。

高校野球ファンの方ならご存じだろうが、木内監督は茨城弁の軽妙な語り口でおなじみだった。でも、あれが練習中となると、千葉県柏育ちの私には何を言っているのかさっぱりわからなかった。「何を言っているのかわかりません！」などと言えば即刻寮から追い出されてしまうだろうから、そんなことは死んでも言えない。私は何を言っているのか理解できなくても、わかったような顔でいつも返事をしていた。

激しいレギュラー争いを勝ち抜くには、木内監督の言ったことを理解して実践するのは最低条件といっていい。だから私は、監督の言葉を理解しようとするのではなく、監督が何を考えているのかを理解しようとした。簡単にいえば、監督が何か言葉を発する前に「監督の求めていることは何か」「次に何をすべきか」を考えるようにしたのである。

私がそのような高校時代を過ごしてきたこともあって、今の野球部員を見ていると、とても物足りなく感じてしまう。今の選手たちは、監督やコーチから指示されないと動けない者が圧倒的に多い。つまり「自分で考えて動く」ということができないのだ。私が監督となってから「自分で考えて動けるようになろう」と選手たちにずっと言い続けているが、それを形にできている選手はほとんどいない。

テレビなどでは、あののんびりとした茨城弁のため、木内監督の指導は和やかなものだったと思われている方もいるかもしれない。しかし、グラウンドでの監督はとても厳しかった。指導者というより、勝つことにとことんこだわったまさに〝勝負師〟だった。

当時の野球部は、部員間の上下関係もとても厳しかった（野球部だけでなくスポーツ界全般にいえることだと思うが）。寮は1〜5号室まであり、一部屋に二段ベッドが5つ。つまり一部屋10人でそれが5部屋なので、50人が寮生活を送っていた。寮での生活はきつかったが、ここにいないとレギュラーになることはできない。だから、寮から外されないように、練習でも寮での生活も必死だった。

木内監督に認められるために、キャッチャーもやったし、内野もいろんなポジションを守った。私は、監督が「弱いな」と感じているポジションがどこなのかを、毎日の練習の中で探っていた。そして「監督はこのポジションに新しい人材を求めている」と感じたら、聞かれる前に「やったことあります！」と手を挙げていた。その甲斐あって、春の大会では1年生ながらベンチ入りを果たし、勝ち上がった関東大会では実際にキャッチャーとしてプレーすることもできた。

だが、部員数も多く、熾烈なレギュラー争い、ベンチ入り争いが当時の本校では繰り広げられていたので、夏の大会ではベンチ入りすることはできなかった。1期生が3年生となり、初めて1～3年が揃った夏の大会だったが、常総学院は準々決勝で日立工に5－6で敗れた（その年は日立一が優勝）。

その後、新チームとなった秋の大会でも私はベンチ外だった。それでも私の中には「来年は絶対にレギュラーになれる」という相変わらずの〝根拠のない自信〟があった。

新チームとなり背番号1を背負うことに

2年の夏の大会で、私は2番手ピッチャーとして1年以上ぶりに公式戦でベンチ入りすることができた。創立4年目の本校は取手二、土浦日大などとともに優勝候補の一角に挙げられていた。

私たちは順調に勝ち上がり、準決勝で土浦日大と対戦。私は2点ビハインドの8回から登板し、その後うちが同点に追い付いて延長戦に突入するも、私に次いで3番手で投げたピッチャーが打ち込まれて5－8で敗戦となった。

今でもよく覚えていることがある。この日は、同球場で準決勝2試合が行われた。私たちは第2試合で、第1試合は取手二対江戸川学園戦だった（試合は取手二が優位に進めていた）。第2試合に備え、私たちはベンチ裏でスタンバイしていたのだが、取手二戦を見ながら木内監督は私に唐突にこう言った。

「明日（の決勝）はお前で行くから」

驚いた。「えっ、マジ⁉　準決勝の前に言うなよ」と思った。その年の春の大会で、私は取手二を相手に完封勝ちを収めていた。だからこそ、木内監督は私に先発をさせようと考えたのだろう。しかし、私の決勝戦先発は、準決勝敗退によって幻に終わった。結局、私たちに勝った土浦日大が、決勝でも取手二を退けて優勝を果たした。

あの頃の私は、とにかく投げるのが大好きだった。連投でもまったく問題なし。次の日、次の試合のことなど考えてもいなかった。肘に慢性的な痛みはあったが、試合に勝てばそんなことはどうでもよくなっていた。

夏の大会が終わり、私たちの代が主役の新チームが立ち上がった。私はエース候補のひとりだったので「絶対に俺がエースになる」と思って日々の練習に取り組んでいた。しかし、夏休みの練習試合で千葉の成田と対戦し、滅多打ちを食らってしまった。当時は県外のチームと練習試合をすることはあまりなく、私はこの試合で初めて県外のトップレベルの力を知ると同時に、自分の現在地も理解することができた。

成田にボロ負けした後、木内監督から激しく怒られた。でも、木内監督が激しく怒るのは、期待の裏返しでもある。私は茨城弁の説教を受けながら「ストレートだけでは全国には通用しない。トップレベルの相手でもしっかり抑えられる球種を身に付けなければ」と考えていた。

この敗戦を機に、私はコントロールと変化球を磨くことを第一に練習に取り組んだ。カーブやフォークなどいろんな球種を試してみたが、一番しっくりきて自信を持って投げられるのはスライダーだった。だから私は、スライダーのキレと精度を高めることに力を注いだ。

当時は、練習でも一日300球ほどを普通に投げていたし、練習試合のダブルヘッダーで両試合完投することもたびたびあった。でも、私は投げることが嫌になったことは一度もない。むしろ、相手が強ければ強いほど、抑えて勝つことに喜びを感じていた。負けることがこの世の一番の苦痛で、勝つことが一番の快感。木内監督は、私のそんな負けず嫌いな性格を熟知していた。監督には本当によく怒られたが、振り返ると私は監督の手の平で転がされていただけだったように思う。

そして迎えた秋の大会。私は、木内監督から背番号1を手渡された。松坂大輔投手風に表現すれば「〝根拠のない自信〟が確信に変わった」瞬間だった。

常総学院初の甲子園へ！

エース番号を背負って臨んだ秋の大会。この大会では、うちと竜ケ崎一が二強と言われていた（ちなみにこの大会から、秋→春→夏と3大会連続で決勝戦はうちと竜ケ崎一の対戦になる）。

当時の竜ケ崎一の監督は、のちに常総学院の監督となり、現在は専大松戸で監督を務めている持丸修一さんだった。竜ケ崎一にはいい左ピッチャーがふたりおり、秋の決勝はそのうちのひとりと私の投げ合いとなり、1－2で惜敗。だが私たちは準優勝だったので、関東大会への出場権は得ることができた。

茨城代表は優勝校が千葉の2位（東海大浦安）と、準優勝校が埼玉の1位（市立川口）と当たることになっていた。木内監督は「東海大浦安より市立川口のほうがやりやすいから、準優勝でよかった」と言った。きっとこれも木内監督流のやり方（言い方）なのだろうが、このようにあの手この手で選手を乗せるのが本当に巧みな人だった。

木内監督に乗せられ、私たちは「そうか、市立川口はやりやすい相手なのか」と思って試合に臨んだ。そして結果は9－0の7回コールド勝ち。私は完封勝利を収めた。

2回戦の相手はエース・中込伸（元阪神タイガース）を擁する優勝候補の甲府工だった。この試合は中込投手と私の投げ合いで0－0のまま延長戦となり、延長11回表に甲府工に2点を奪われ、0－2で負けた。

木内監督の読み通りといっていいのか、竜ケ崎一は東海大浦安に1回戦負けを喫した。逆に私たちを下した甲府工がそのまま優勝を果たし、その甲府工と接戦を演じた私たちは2回戦負けだったものの、センバツ出場の可能性をわずかながら残すことになった。

年明けのセンバツ選考委員会で常総学院は惜しくも選に漏れたものの、補欠校となった。そしてセンバツ開幕2週間前になって、選出されていた東海大浦安が不祥事により出場を辞退したため、補欠校だった私たちの繰り上げ出場が決まったのである。

急遽の出場決定となったため、チームとしては何の準備もできていなかった。私も肘の状態が万全ではなく、その頃はほとんど投球練習をしていないような状況だった。

それでも、繰り上げとはいえ初めての甲子園が決まり、学校は歓喜に沸いていた。私は中学1年の時（1982年）、父と一緒にセンバツを観に行ったことがあった。父の母校である千葉商大付がセンバツに出場したので、その応援に一緒に行ったのだ。その時は、マウンド上で躍動するエースの平沼定晴投手（元千葉ロッテマリーンズ他）を見て、「俺もあのマウンドで投げたい」と強く思ったものだ。肘は痛かったが、聖地のマウンドで投げられることを思うと心が躍った。

人生のターニングポイントとなったセンバツ初戦敗退
――お前みたいなのはエースじゃねえ！

1987年のセンバツ。初めて乗り込んだ時の甲子園の情景は、今でもよく覚えている。グラウンドも、スコアボードも、観客席も、目に入るものすべてが感動的だった。観客席からでは決して味わえない「生の甲子園」がそこにはあった。

1回戦の相手は兵庫代表の明石だった。本格的なピッチングはしていなかったのに、私にはこの時も「何とかなるだろう」という〝根拠のない自信〟があった。しかし、甲子園はそんなに甘いところではない。私は明石打線に11本のヒットを打たれて4点を失い、降板した。明石は前年の秋季近畿大会でPL学園に勝つほどの強豪だったのだが、情報に疎い私はそんなことなどまったく知らなかった。結局、私たちは0－4で明石に負けた。

かつてないほどに打ち込まれ、私はマウンド上でロージンを叩きつけるなど不貞腐れた態度を取った。負けた後も「肘の痛みがなければ、ちゃんと抑えられた」とチームメイトたちにうそぶいた。今振り返ればとても恥ずかしいが、センバツ1回戦敗退で当時の自分の弱いところがすべて出ていたのだ。

そんな私を見て、木内監督は「すぐにそうやって逃げやがって。お前みたいなのはエースじゃねえ！」と怒った。今、私の目の前にあの時の自分がいたら、きっと私も木内監督と同じように怒ったに違いない。

当時の私は木内監督に怒られ、反省するというよりは「ちくしょう！　だったら夏は何も言わせねーぞ」と奮起した。投げるのは大好きだが、練習は大嫌いだった私が真面目に練習するようになった。とくに嫌いだったランメニューにも積極的に取り組んだ。それまでは「トレーニングをどうやってさぼろうか」とばかり考えていた私が「夏に甲子園で勝つためには何をすべきか」を考えるようになったのだ。

センバツの初戦敗退は、私に「考える野球とは何か」の第一歩を教えてくれたように思う。そう考えると、明石戦は私の人生の大きなターニングポイントになったといっても過言ではない。センバツに出場せず全国レベルの野球を知らずにいたら、夏の甲子園に行けたかどうかもわからないし、運よく茨城を勝ち抜けたとしても、きっとまた甲子園で初戦敗退に終わっていたと思う。

好敵手・竜ケ崎一と3度目の決勝で夏の甲子園出場を決める

センバツ後、人が変わったように練習に打ち込む私の姿を見て、木内監督も徐々に私をエースとして認めてくれるようになった。私が「負け試合でも最後まで投げさせてください」と言うと、監督はその通りにしてくれた。

センバツの初戦敗退を受けて、チームの目標は「甲子園に出る」から「甲子園で勝つ」になった。それまでは県内の学校との練習試合が多かったが、春以降は浦和学院や二松学舎大付といった名門校の他、関東の強豪ともたくさん練習試合を行った。

余談だが、木内監督は大の釣り好きだったので、試合の前後に釣りができる高校（海や川、湖、沼が近くにある高校）と練習試合をすることが多かった。そういった高校と練習試合をする時、木内監督はユニフォームを着ないで、麦わら帽子と長靴という出で立ちでグラウンドに現れることもたびたびあった。

春の大会で本校は優勝を飾り、関東大会に進んだ。関東大会では、センバツで準優勝したばかりの関東一と準々決勝で対戦した。チームとして、そして私自身エースとして、どこまで全国レベルのチームに通用するのかを試せる絶好の機会である。試合は8回まで私たちが5－4で勝っていたのだが、最終回に2点を入れられて逆転負けとなった。負けはしたものの、センバツ準優勝校を相手に最終回まで対等な試合ができたのは、私にとってもチームにとっても大きな自信となった。

夏の甲子園で勝つことを目標にしてきた私たち3年生にとって、最後の夏がやってきた。先述したように決勝の相手は竜ケ崎一である。前年の秋の決勝は

1－2で敗戦、春は3－2で勝利と実力は五分五分。いずれの試合も、どちらが勝ってもおかしくない接戦だった。

夏の決勝。私は「絶対に抑える」と気合が入っていた。竜ケ崎一の当時の監督だった持丸監督は、オーソドックスな機動力重視の野球をしていた。いろいろな戦術を駆使して、相手を揺さぶってくる。隙を見せればそこに付け込まれるので、私も竜ケ崎一とやる時はいつも以上に気を張っていた。勝利を手中にするまでは、まったく安心のできない相手だった。

大方の予想は秋、春と同じように「投手戦の接戦」だったと思う。もちろん、私たちも最後までもつれる試合展開になることを覚悟していた。しかし、うちの打線が予想に反して得点を重ね、6回が終わって5－0とリード。拮抗した戦いだと「俺が抑えなければ」と力んでしまうようなこともあったが、5点のリードがあったので私も余裕をもって投げることができた。7回に竜ケ崎一に2得点されるものの、8回にうちも2得点して7－2。9回裏の竜ケ崎一の攻撃も私が抑え切って完投。私たちは、センバツに続く夏の甲子園出場の切符を手にしたのだった。

センバツ初戦敗退の悔しさを糧に、夏の甲子園で快進撃
——唯一の1年生レギュラーだった仁志敏久選手の思い出

春のセンバツ出場は「棚からぼたもち」的な出場だったが、夏の甲子園出場は自分たちの実力で勝ち取ったものである。私たちは自信を持って、甲子園に臨んだ。

抽選会で1回戦の相手が福井商と決まった時、木内監督が「勝てる」と言った。木内監督はこのような先を見通した発言をたまにするのだが、それがことごとく当たった。だから、私たち選手も何の疑問も感じず「監督が言っているんだから勝てるんだな」と思った。さらに、宿舎に帰ってから監督が「春は甲子園初出場で常総の歴史を作った。夏は1回勝って歴史を作ろう」と私たちに語りかけた。私はその言葉を聞いて「そうか、1回勝てばいいのか」と、とて

も気が楽になったのを覚えている。

トーナメント表を見ると、1回戦が福井商、2回戦が沖縄水産という組み合わせだった。沖縄水産のエース・上原晃投手は、大会屈指の好投手としてマスコミにも名前がたびたび取り上げられていた。私たちは「2回戦は勝てそうにないから、まず1回戦に勝とう」とみんなで気合を入れ直した。

1回戦は終始うちのペースで試合が進み、私も完投。5－2で甲子園初勝利を挙げ、常総学院にひとつの歴史を作った。

1回戦に勝ち、私の持ち味である〝根拠のない自信〟が心に蘇り「2回戦も勝ってやろう」という欲が出てきた。プロも注目する上原投手に投げ勝てば「俺も絶対にプロに行ける」と勝手に思い込んだのだ。

私たちが沖縄水産と対戦する同日、第1試合に登板した帝京のエース・芝草宇宙投手（元日本ハムファイターズ他、現帝京長岡監督）が東北を相手にノーヒット・ノーランの離れ業を演じていた。その様子を見て「俺もやってやる」「有名なピッチャーに負けたくない」という思いがより一層強くなった。

気合と肉体と技術の歯車が、うまく噛み合ったのだろう。私は好投手・上原に投げ勝ち、7－0の完封勝ちを収めた。

この頃の私は5番を打っていた。木内監督からはよく「お前は並のバッターだが、チャンスには強い」と言われたものである。チームメイトからも「おいしいところだけを持っていく5番」と評価されていた。私は目立ちたがり屋だったので、チャンスが大好きだった。好機で打順が巡ってくると「目立てるチャンス到来！」とばかりに、よだれを垂らして打席に向かっていた。そんな私だから、チャンスをプレッシャーに感じたことは一度もない。

当時の私は投げる体力は無尽蔵にあったのだが、走る体力はまったくなかった。だから、木内監督からは「この虚弱体質が！」ともよく言われていた。あまり細かいことを要求されない5番打者として、私は好き勝手に打っているだけだった。

唯一の1年生レギュラーだった仁志敏久は、入学当時からバッティングに関してはずば抜けた才能を見せていた。私たち3年生も彼のバッティングを見て

「すげー1年生が入ってきたな」と思ったものだ。

ご存じのように、仁志は体は大きくないのに、とにかく強い打球を放った。1年生当時の彼の守備力は、まだそれほどでもなかったのだが、木内監督は彼の将来性を買ってレギュラーとして抜擢したのだと思う。

甲子園でも、仁志は1年生ながら大活躍。全6試合に出場して1本塁打（ランニングホームラン）、打率は3割6分1厘の好成績を残した。私の印象では「振ればヒット」というくらい彼のバッティングは神がかっていた。

仁志は私たちが卒業した後も、3年連続で夏の甲子園に出場している。その後、プロに入ってゴールデングラブ賞を受賞するような選手になるのだから、木内監督の先見の明には感服である。

決勝で高校野球史上最強とも言われるPL学園と対戦

2回戦で完封勝ちを収めた私は、乗りに乗っていた。肘の痛みなどもまったく感じず、3回戦の相手である尽誠学園には伊良部秀輝投手（元千葉ロッテマリーンズ、ニューヨーク・ヤンキース他）がいたが「負けていられない」とスイッチが入り、この試合でも6－0の完封勝利を挙げた。伊良部対策ということで、速い球を打つ練習はみんなでしていた。でもそれ以上に、甲子園が私たちの力を引き出してくれたように思う。私たちは見えない何かの力に導かれるかのように、一戦一戦、成長しながら勝ち上がっていった。

準々決勝の中京には木村龍治投手（元読売ジャイアンツ）が、準決勝の東亜学園には川島堅投手（元広島東洋カープ）がおり、ふたりとも球威は抜群だった。準決勝まで、上原、伊良部、木村、川島という当時の高校球界屈指の高速ピッチャーたちと対戦したが、体感的には沖縄水産の上原が一番速かった。準決勝では川島と延長10回まで投げ合い、私たちが辛くも2－1でサヨナラ勝ちを収めた。

この大会で私たちは「ラッキー8の常総」と呼ばれていた。中京戦では8回2アウトから逆転、東亜学園戦も8回に私のホームランで同点として、10回のサヨナラ勝ちへとつなげた。

私自身、この夏に成長した部分を挙げると、キレとコントロールが格段によくなった。春までは速いボールを投げようと目一杯の力で投げていたが、夏の甲子園で軽く投げても球威は変わらず、しかもキレのあるボールが投げられることに気付いた（実はこの投げ方は木内監督が教えてくれた。そのことに関しては第4章で）。それまでは「速い球を投げて三振を取ろう」とがむしゃらに投げていたのだが、力まずともいいボールが投げられるフォームを身に付けたことで、マウンド上でも余裕を持てるようになり、考え方も柔軟になったのだと思う。

全国の強豪と甲子園で戦い、私は自分が成長していることを実感していた。ピッチングに余裕が生まれ、まわりが見えるようになった。センバツの頃はマウンド上でひとりぼっちの状態だったが、夏はまわりを見る余裕があった。アルプスの応援、吹奏楽部の演奏もしっかり聞こえた。一戦一戦、戦うごとに、甲子園で投げられる喜びが大きくなっていった。

疲労は当然たまっていたが、肘の痛みは決勝戦前でも感じなかった。だが、当時のキャッチャーだった橋原剛が言うには、決勝戦の時は「まったくボールが来ていなかった」らしい。準々決勝から決勝まで3連戦で、準決勝は延長戦だった。自分ではまったく気付かなかったのだが、やはり相当な疲れがたまっていたのだろう。

当時の私は「どの学校が強い」「どの学校にいいピッチャー（バッター）がいる」といった情報にとても疎かった。自分にしか興味がなかったので、他の情報はどうでもよかったのだ。だから当時のPLがどれだけ強いのか、どんな選手がいるのかも、実際のところはよくわかっていなかった。

1987年のPLは「高校野球史上最強」と言われることもあるほどのタレント揃いのチームである。でも無頓着だった私は、決勝戦でPLの選手たちと対峙しても「ああ、これがPLか」という程度。あの時のPLには立浪和義（中日ドラゴンズ監督）、片岡篤史（中日ドラゴンズ二軍監督）という強打者、そして野村弘樹（元横浜ベイスターズ）、橋本清（元読売ジャイアンツ他）の強力な投手陣、さらにサードには2年生の宮本慎也（元東京ヤクルトスワローズ）と、その後プロ入りを果たす錚々たる顔ぶれが揃っていた。それなのに、私は新聞なども自分の記事しか読んでいなかったので、PLの選手たちを見ても誰ひとりわからなかった。

絶好調の私がマウンドにいたならともかく、決勝戦の私は別人のようにボールが走っておらず、キレもなかった。そんな状態でスター揃いのPL打線を抑えられるわけもなく、私たちは2－5で敗れて準優勝となった。一方、PLはその2年前に桑田真澄投手と清原和博選手の「KKコンビ」を擁しても成し得なかった、史上4校目の春夏連覇を達成したのだった。

木内マジックはマジックではない

前項でお話しした決勝のＰＬ戦。戦力的なものを考慮すれば、どう考えてもうちに勝ち目はなかった。しかし、当時の私は何も知らなかったので、決勝戦を前にして「勝てる。優勝できる」と本気で思っていた。

あの決勝戦の日、甲子園に向かうバスの中で木内監督から「ここまで勝てたのは島田のおかげだ。だから、お前を４番にする！」と唐突に告げられた。

それまでは、気ままな５番打者として自由に打たせてもらっていた。それがいきなり決勝戦で４番に据えられ、私は打席で「４番ならホームランを打たないと」と考えてしまった。どの打席でも変に力んでしまい、結局打点を挙げることすらできなかった。結果として優勝はできなかったが、決勝まで全６試合、55イニングをひとりで投げ抜いたのは、自分としてもよくがんばったと思う。

高校時代を振り返ると、先述したように木内監督の手の平で転がされていただけのように感じる。最後の夏の甲子園でも、監督の言葉に乗せられたからこそ全6試合を投げ切ることができた。

木内監督は試合中に出すサインにしろ、代打にしろ、采配がことごとく的中した。時に唐突とも思えるようなサインを繰り出し、それを成功につなげた。マスコミはこういった名采配ぶりを「木内マジック」と評していたが、私たち選手にとって監督から出るサインは、唐突でも何でもなく「当たり前」のサインだった。私たちはすべての準備ができていたからこそ、監督の出すサインに対応できていたのである。

今、私は木内監督の出すサインに選手たちが呼応していたあの野球を、どうやったら再現できるのか試行錯誤を続けている。プロ野球では、カウントや点差、イニングなどの状況を見たり、ピッチャーの制球力やバッテリーの配球を考えたりしながらサインを出していくが、それをのんびりやっているだけでは高校野球のスピード（試合進行の早さ）に対応できない。

また、高校野球はカウントに関係なく、3球目までには何かしらのサインが出て、動いてくることが多い。通常はボールが先行した時などにエンドランのサインが出るが、ストライク先行のカウントでもエンドランのサインが出たりして、プロでは考えづらいカウントでもどんどん動いてくる。そういった高校野球の流れに、私はまだ対応しきれていない。

木内監督は、高校野球のすべてを理解した上で野球のセオリーに囚われない、相手が思いもしないような、あるいは裏をかくサインを出すのが得意だった。普段から選手一人ひとりをよく観察し、選手の性格、長所、短所などを見抜き「今、こいつにはこのサインだ」と瞬間的に考えて采配を振っていた。同じミスをしたとしても、怒る選手と怒らない選手がいた。ああいった判断も、選手の性格を見抜いてのものだったのだろう。

相手が左ピッチャーの時「モーションに入ったら盗塁しろ」というサインもあった。動いて相手を撹乱する狙いがあったのだと思う。動いて動いて、失敗しても動き続ける。もちろん、木内監督ならではのひらめきもあったのだろうが、そのひらめきにしても成功率は高かった。

木内監督は、試合前に相手チームを細かく分析して、それを選手に説明するようなことはあまりしなかった。監督自身はある程度データを持っていて、それをもとにプランを立てて采配を振っていたのだと思う。私たち選手は、日頃の練習で準備ができていたので、どんなサインが出ても驚いたり、戸惑ったりすることなく対応できた。また、監督から指示がなくても選手自らが気付き、考え、動いていた。

今、監督となった私が、あの頃の「木内野球」のレベルのことを実践できているかといえば、答えはもちろん「NO」である。司令塔である監督の目指す野球を選手たちがしっかり理解できなければ「木内野球」は実現できない。かなりレベルの高い野球だが、私たちはそこを目指すとともに、さらに進化した野球を追い求めていきたいと思っている。

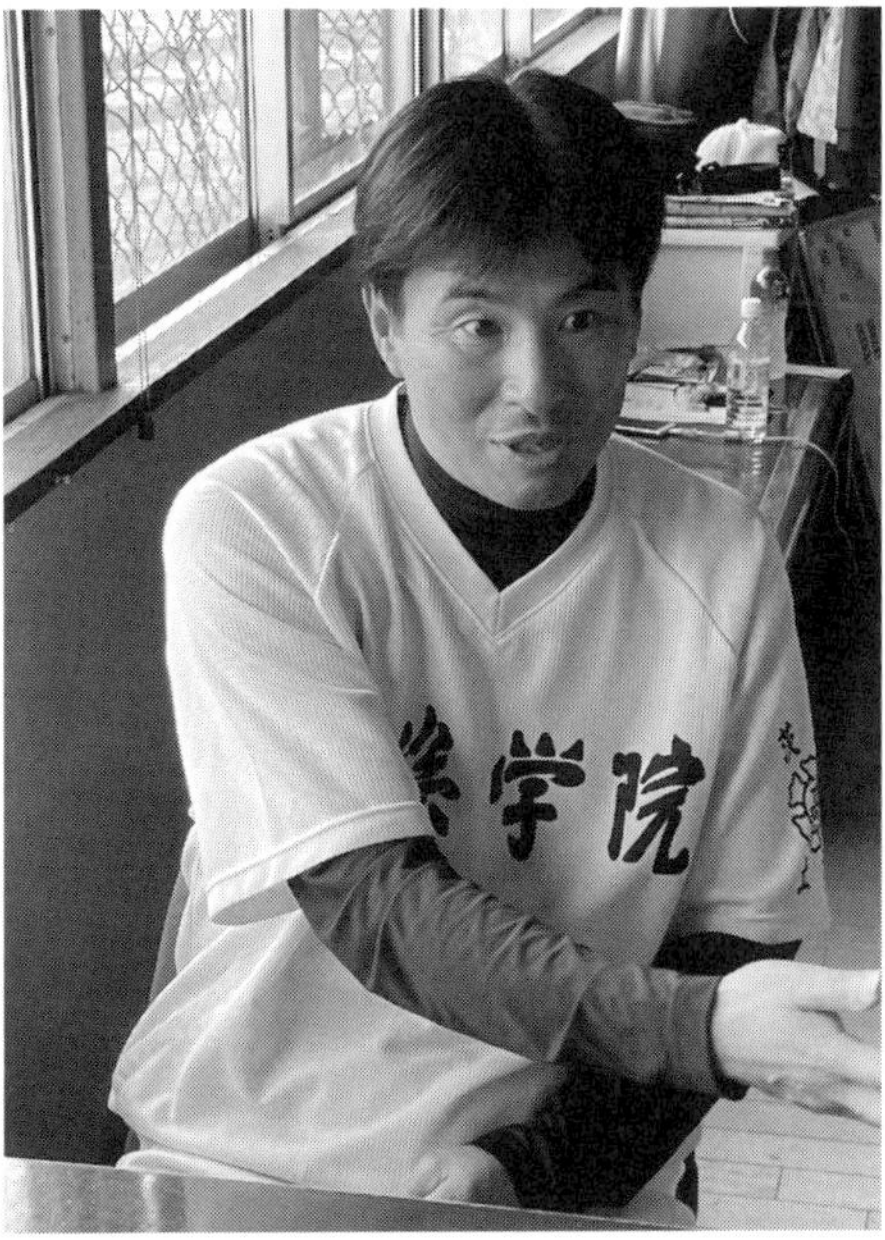
学院

第2章

プロ野球選手として日本一に

ドラフト外でプロの世界へ

夏の甲子園で並み居る好投手たちに投げ勝ち、私は「プロに行ける」と確信していた。高校卒業後は大学も社会人もなく、プロ一本。どのチームからお話をいただいてもOK。ドラフトで最初に手を挙げてくれたチームに、私は行こうと思っていた。

ドラフト当日、学校にはテレビ局や新聞社などの取材陣が多く訪れ、記者会見場も設けられた。授業中もテレビカメラが私の教室に入ってきたりして、私の周囲は一日中ざわついていた。

午後からドラフト会議が始まると、私も会見場の椅子に座り指名が来るのを待った。しかし、最後の指名が終わるまで私の名前が呼ばれることはなかった。「絶対にプロに行ける」と信じていたので、この時は本当にショックだった。

これは後から聞いた話なのだが、ドラフトで指名がかからなくても、取材を受ける話が学校側とマスコミの間で交わされていたらしい。それを聞いた木内監督は「ショックを受けている島田に取材なんか受けさせられない」と私を別室に匿い、人目につかないように裏口から帰宅させてくれた。その後、私の父が代わりに取材を受けたようだが、普段は誰よりも厳しい木内監督も、グラウンド外ではこのように選手に対して思いやりを持って接してくれる人だった。

その日の夜、ショックで打ちひしがれている私のところに、日本ハムファイターズから「ドラフト外でどうですか？」という電話があった。当時は1球団6名までドラフト会議で指名でき、そこで指名されなかった選手に対して、球団が直接交渉を行うドラフト外入団という制度があったのだ（1990年限りで廃止された）。プロ入りの夢を断たれて気分はどん底。ドラフト外で入団できる方法があることなど知らなかったので、まさかのプロ入り実現に私は天にも昇る気持ちだった。

翌春のキャンプでは、その意図は不明だが私は一軍のキャンプ（沖縄の名護）に呼ばれた。そこには、ドラフトで6位指名された帝京の芝草宇宙もいた。ルーキーの私たちは右も左もわからない状態で、まずはプロとしての第一歩を踏み出した。

グラウンドには高田繁監督、ブルペンに行けばエースの西崎幸広さん、松浦宏明さん、津野浩さん、河野博文さんなど、テレビで見ていた人たちが勢揃いしていた。私はまずそこで、プロのピッチングを間近に見て度肝を抜かれた。ストレートは滅法速く、変化球もそれまで見たことのないキレだった。バッティングにも多少の自信を持っていた私だが、先輩たちの投球を見て「こんなボール、絶対に打てない」と思った。

そして何よりすごかったのは、針の穴を通すようなコントロールである。どのピッチャーも、キャッチャーが構えたミットに寸分の狂いなく、バチバチとキレのあるボールを投げ込んでいた。それまでは〝根拠のない自信〟で多くの壁を乗り越えてきた私だったが、プロの第一線で活躍する先輩たちのピッチングを見て、能天気な考えは完全に消え失せた。

「これは大変な世界に来てしまった」

これが、プロの世界に足を踏み入れた私の第一印象である。初めて体験したキャンプは毎日が緊張の連続だったので、細かい練習メニューなど何をしていたのかはあまり覚えていない。とにかく、一日一日を生きるだけで必死だった。

日ハム同期の芝草宇宙も今は高校野球監督に

日本ハムファイターズで同期入団となった芝草とは、プロ入り前に一度同じチームでプレーしたことがある。それは、日米親善高校野球の日本代表としてだった。

あの時のオールジャパンには、帝京の芝草、東亜学園の川島、PLの野村などの他、野手ではPLの立浪と片岡に加え、浦和学院の鈴木健（元西武ライオンズ他）などがいて、それぞれの選手のピッチング、バッティングを間近に見て「世の中にはすごい選手がいっぱいいるんだな」と素直に思った。

監督はPLの中村順司さんで、私たちオールジャパンはアメリカ本土とハワイでホームステイしながら試合を行った。その時に芝草とは同じホームステイ先に泊まるなどして、仲がよくなった。

オールジャパンでは、みんな高校野球の真剣勝負から解放されて、心の底から野球を楽しんでいるように見えた。もちろんこの私も、すごいメンバーと一緒に野球ができて本当に幸せだった。

アメリカの高校生と戦ってみて「パワーはあるな」と思ったが、それ以外に圧倒される部分はあまりなかった。それ以上に、チームメイトたちのほうが精度の高いプレーをしていたので「俺ももっとがんばらないと」と感じさせられたものだ。

日ハムに入ってからは、芝草より私のほうが早く一軍デビューしたものの、その後4年目に彼は一軍デビューを果たし、私はその頃は二軍にいた。会う機会もめっきり減り、その年に私は大洋ホエールズにトレードとなった。

私が母校の監督に就任した2020年夏、真っ先に連絡したのは他でもない芝草である。芝草は、その年の4月から帝京長岡の監督に就任していた。私とまったく同時期に、高校野球に復帰したのも何かの縁だと思っていた。だから、私は就任後すぐに芝草に電話をし「最初に練習試合をしてほしいんだけど」とお願いした。芝草は突然の依頼にもかかわらず、快く引き受けてくれた。

8月9日、帝京長岡が本校グラウンドにやってきて、練習試合を2試合行った。知り合いのスポーツ紙記者にあらかじめ連絡していたので、マスコミも数社取材に来てくれた。試合のほうは2試合ともうちが勝利。芝草に「初陣、勝たせてくれてありがとう」と試合後に話をしたが、彼は2連敗とあってだいぶ渋い顔をしていた。

あれ以来、帝京長岡とは毎年練習試合をやらせてもらっている。これからもお互いに切磋琢磨しながら、ゆくゆくは甲子園で勝負できたら最高である。

プロ4年目、パ・リーグからセ・リーグへ

プロ入りし、一軍戦に初めて登板したのは2年目のシーズン終盤。3年目はシーズンの半分ほどを一軍で過ごし、先発、中継ぎなどで20試合に登板して0勝1敗の成績だった。

プロの打者と対戦して一番感じたのは「甘い球は持っていかれる」ということだった。甘い球のみならず、少しでもキレの悪いボールを投げれば、コーナーに投げ込んだとしても見事に弾き返された。技術の高いプロのバッターを抑えるには、どうしたらいいのか？　毎日それればかりを考えていた。

プロ3年目に、監督が近藤貞夫さんに代わった。この年のキャンプで高橋善正ピッチングコーチに認められ、私は一軍で20試合に登板することができた。

高卒3年目に一軍でそこそこ投げたため、たいした成績も残していないのに

私はちょっと天狗になってしまった。そして、4年目の1991年になって私は伸び悩むことになる。

ファームでいくら投げても勝てず、私は焦っていた。投げれば投げるほど打たれ、気付けばファームで0勝10敗。当然一軍から呼ばれることもなく、さらに一軍では芝草が台頭し始めていた。

たしか、その年の10月頃だったと思う。球団に呼ばれて事務所に行くと、横浜大洋ホエールズ（現横浜DeNAベイスターズ）へのトレードを告げられた。

今でこそ、トレードは「新天地で活躍するチャンス」と前向きに捉えられることが多くなったが、当時は「トレード＝お払い箱」というイメージだった。私は「肩、肘に痛みもないのに、たった1年間活躍しなかっただけでお払い箱になるのか」と、暗澹たる思いに囚われた。

ただ、今考えれば、このトレードは日ハムとホエールズの思いが合致して実現したものだった。ホエールズでトレード対象となったのは、最高勝率のタイトルを獲得したこともあるベテランの石川賢投手だった。生きのいい選手が欲しかったホエールズと、計算の立つベテランを求めていた日ハム。両チームのチームプランに則ったトレードだったのだ。

しかし、当時の私はそんな球団のプランなど考えつくわけもなく、トレードを告げられた直後は「俺の野球人生も終わったな」とひどく落ち込んだ。でも、私には落ち込んでばかりもいられない事情があった。当時、私は結婚したてで生まれたばかりの子供もいた。一旦はどん底まで落ち込んだものの、妻や子供の顔を見て「家族のためにもがんばらないと」と気持ちを切り替えるのと同時に、覚悟を決めた。

「活躍すれば、俺もテレビに出られる」と一念発起

私は、トレードを告げられた直後の秋季キャンプから、ホエールズの練習に参加した。あの頃、テレビではパ・リーグよりセ・リーグのほうが圧倒的に放

映が多く（ほとんど巨人戦）、当時のチームにはピッチャーでは齊藤明夫さん、遠藤一彦さん、佐々木主浩さん、野手では高木豊さん、屋舗要さんなど、昔からテレビで見ていた人たちがたくさんいた。ただ、投手陣の中にはオールジャパンで一緒だったPLの野村や同学年の盛田幸妃もいたので、移籍直後はそういった同期メンバーにとても助けてもらった。

グラウンドで顔を合わせるチームメイトはすごい人たちばかりだったが、そこで委縮していてはプロでの活躍などできるわけがない。だから私は「活躍すれば、俺もたくさんテレビに出られるぞ」とポジティブに考え、がんばることにした。

翌春、1992年のキャンプは一軍スタートとなった。ここでまず、私は日ハムとホエールズの文化の違いを目の当たりにして驚いた。ホエールズの練習は、とにかく「走る」のだ。日ハムのキャンプもランメニューはそれなりに多く、きついものだったが、ホエールズの練習はその比ではなかった。

1周400mのトラックを60秒以内で走るのを10本。これが毎日続いた。もちろんランメニューはそれ以外にもあった。「ここは何だ？　陸上部か？」というくらい走った。練習嫌いの私だったが、やらなければクビになってしまう。家族のためにも、私はやるしかなかった（ちなみに権藤さんがベイスターズに来た１９９７年からは、50m走を1日30本、１クールで１２０本となった。短距離が得意だった私には、こちらの練習のほうが合っていたように思う）。

このキャンプで私は、球界の名伯楽として知られる小谷正勝ピッチングコーチに初めてお会いした。小谷コーチは、手取り足取り選手を指導するようなことはしない。じっと私たちのピッチングを見つめ、気付いたことを一言、二言発するだけだった。

ある日、キャンプでピッチングをしていた私に「いいスライダーを持っているな。それを磨けば一軍で投げられるよ」と小谷コーチは言った。小谷コーチのこの助言がきっかけとなり、私のプロ野球人生は徐々に好転していく（小谷コーチの指導に関しては後でもう少し詳しくお話しする）。

そして迎えたホエールズ1年目のシーズン。私は一軍とファームを行ったり来たりしながらも、14試合に登板して2勝2敗の成績を収めることができた。移籍したばかりで、周囲にアピールするには結果を出すしかなかった。でも、あまりに結果を求めすぎても、いいパフォーマンスにはなかなかつながらない。だから私は「自分のやってきたものを出そう」「今、この瞬間に全力を尽くそう」と切り替えて1年目は投げていた。

パ・リーグ時代と比べ、横浜スタジアムは観客も多かった。メディアに取り上げられることも多く、失敗すれば批判を受けるが、勝てばちゃんと評価してもらえるので、とてもいい刺激になった。

移籍してすぐに勝利という結果を残せたことで、自分の心に余裕ができた。「来年はもっとやってやる！」と、前向きな気持ちで私は1年目のシーズンを終えた。

1994年、中継ぎに転向して光明を見出す

1993年、ホエールズの球団名が「横浜ベイスターズ」に改称され、この年から監督が近藤昭仁さんに代わった。近藤さんは若手の育成に長けた監督として知られており、私も叱咤激励されながら近藤さんに使っていただき、プロ初完封を記録することができた。

1994年から、私は中継ぎ（セットアッパー）として起用されるようになる。本書でここまで述べてきたように、私は昔から練習は嫌いだが投げることは大好きだった。また、一軍に長くいたいので、自分に与えられた役割は何でもこなそうと思っていた。私のそんな性格を見抜いた小谷コーチが近藤監督に進言してくれて、先発から中継ぎへと配置転換になったのである。そして、この「中継ぎ」という役割が、私のプロ野球人生に大きな飛躍をもたらす。

中継ぎ転向1年目、私は50試合に登板して9勝を挙げた。これはチーム最多勝タイ記録でもあった。続く2年目の1995年も46試合に登板して、2年連続のチーム最多勝＋自己最多となる10勝を挙げることができた。

1994年、1995年と2年連続で好成績を残せたことは、私にとって大きな自信になった。2年間で合計19もの勝ち星を手にし、最も驚いたのは他でもない自分自身だった。それだけ「中継ぎ」という役割が私に合っていたということなのだろう。私の適性を見抜いてくれた小谷コーチ、そして我慢強く起用を続けてくれた近藤監督には感謝しかない。

結果を残せば残すほど、私は大事な局面で登板する機会が増えていった。チームがピンチの局面で登板することによって、私はプロとしての投球術、駆け引きを覚えた。当時、バッテリーを組んでいたのは1歳下の谷繁元信（元中日ドラゴンズ監督）だ。

彼は年下だが、私がしっかり投げていないと平気で文句を言ってきた。彼も若くして正捕手となったので、並み居る大投手たちを相手に「先輩であっても、言うことは言う」ということを徹底していたのだろう。彼も私の特徴を理解して、常に投げやすい配球、環境を作ってくれた。当時の私は、投げる球のほとんどがストレートかスライダーの2種類だった。私がそれでも勝てたのは、彼の支えがあったからに他ならない。

コンスタントにいい成績を収められるようになっていった私は、1997年には60試合に登板し、最優秀中継ぎ賞を獲得した。この頃はマウンドで投げるのが楽しくて楽しくてしょうがなかった。ピンチであればあるほど「やってやる」と気持ちが奮い立ち、マウンド上ではいい形でストッパー（今でいうクローザー）の佐々木さんにつなぐことだけを考えた。この年は結果としてチームは2位（1位はヤクルト）だったが、優勝争いという貴重な経験もできた。私としても、チームとしても、充実した一年だった。

日本一となった1998年──❶
権藤監督の指導法とは

1998年、この年からベイスターズの監督に権藤博さんが就任した（権藤さんはその前の年からうちのピッチングコーチをしていた）。チーム内には、前年にヤクルトと優勝争いしたことによって「俺たちもがんばればいける」という雰囲気が最初からあった。

そんなチーム内の士気の高さと、権藤さんの選手の自主性を重んじる指導法がうまく噛み合った結果なのだろう。私たちはセ・リーグで優勝し、その後の日本シリーズでは西武ライオンズを4勝2敗で破り、日本一になった。

ベイスターズにとって日本一は、前身の大洋ホエールズが栄冠を手にした1960年以来、実に38年ぶりのことだった。日本一を決めた第6戦は、ホームグラウンドである横浜スタジアムで行われた。最終回、佐々木さんが最後を締めて勝利を決めた時の、あの球場の盛り上がりを私は一生忘れないだろう。

ご存じの方も多いと思うが、権藤さんは現役時代に「権藤、権藤、雨、権藤」と評されるほど連投に連投を重ねたピッチャーだった。デビューした年に先発、リリーフとフル稼働して、1シーズンの試合数130の半分以上となる69試合に登板（先発は44試合）。35勝19敗という驚異的な成績を残した。

時代といってしまえばそれまでだが、この登板数は現代野球から考えるとちょっと異常である。当然のことながら権藤さんは登板過多によって肩肘を痛め、長く現役を続けることはできなかった。だが、ご自身の現役時代の経験を生かした指導によって、その後はコーチとして多くの名投手を生み出していた。

権藤さんのやり方は実にシンプルであり、それを徹底していた。日々精進している選手は使ってもらえるし、グラウンドで強気に攻める選手はそういった気概を持っている限り、一度や二度の失敗には目をつむってもらえた。逆にいえば、やる気のない選手は使ってもらえないし、グラウンドで弱気を見せるような選手も使ってもらえなかった。そんな権藤さんがベイスターズにやってきたことで、チーム内のピッチャーの競争も激しさを増した。

この時のベイスターズには、20代後半を中心とした生きのいいピッチャーが揃っていた。大魔神・佐々木さんは私より2歳上（当時30歳）、先発の野村と斎藤隆、中継ぎの五十嵐英樹は同い年、下には三浦大輔、川村丈夫、戸叶尚がいた。一軍のマウンドで投げるには、チーム内の競争に勝ち抜かなければならない。プロとしての努力を怠り、弱気を見せればファームに落とされる。あの頃のチームには、ただ和気あいあいとしているだけではない、ほどよい緊張感を漂わせたチームワークがあった。

あの年は、シーズンを通じて優勝争いするチームで野球ができたことに、野球人としての達成感があった。中日ドラゴンズと争った9月の天王山。それまで中継ぎに3連投はさせなかった権藤さんが「島田、すまんが頼む」と言い、私は3日連続でマウンドに上がり、ふたつの勝利に貢献した。当時の私は、権藤さんに言われれば3連投でも4連投でもするつもりだった。プロ野球人として、こんな大事な場面で投げさせてもらえるのは喜びでしかなく、疲れなどはまったく感じていなかった。

日本一となった1998年——❷
ブルペンでの過ごし方と絶対的ストッパーの存在

優勝争いを繰り広げるブルペンには、当然のことながらピリピリとした緊張感がみなぎっている。だが、そこにいるみんながずっと緊張感を持っているわけではなく、それなりにオン、オフを切り替えてやっていた。一日中ずっと緊張していたら、それこそ長いシーズンを戦ってはいけない。

私の場合、試合の序盤はロッカールームで試合の様子をテレビ画面で見たり、トレーナー室に行ってマッサージを受けたりしていた。中継ぎとして、いつもいいところで投げさせてもらっていたので、試合の流れを見つつ「そろそろ来るな」と感じたら気持ちを高め、コーチからお呼びがかかったらブルペンに向かい調整に入った。

球場の騒々しさに比べれば、ブルペンはとても静かである。静寂の中に、キャッチャーのミットの捕球音だけが響き渡る。そして、ブルペンとベンチをつなぐ電話が「プルプル」と鳴る。その瞬間「次は誰だ？」「俺の出番か」とブルペンに緊張が走る。

当時は、コーチからブルペンに呼ばれると、最初に30球くらい投げて肩を作った。そこでベンチからお呼びがかからなければ一旦休み、その後は状況に応じて10球程度を放って登板に備えた。シーソーゲームの展開だと、仮に私に登板機会がなかったとしても、実際にはブルペンで40〜50球は最低でも投げていた。それがシーズン130試合続くのだから、登板しなかったとしても投球数は相当なものになる。リリーフというのは、見えないところでも心身をすり減らしている過酷な役割なのだ。

ブルペンが最大の緊張感に包まれるのは、ストッパーの佐々木さんが準備に入った時である。私たちがリーグを制覇して日本一になれたのも、佐々木さんという絶対的ストッパーの存在があったからだ。チーム全員が「1点でも勝っていれば、後は佐々木さんがどうにかしてくれる」と思っていた。後ろに絶対的な存在がいる安心感は、私たちリリーフ陣の大きな後ろ盾でもあった。

また、あの年の優勝は「マシンガン打線」と呼ばれた打撃陣の活躍抜きには語れない。当時の打線は、石井琢朗さん、駒田徳広さん、鈴木尚典さん、ローズ、波留敏夫さん、進藤達哉さん、佐伯貴弘さん、谷繁と、投手陣同様に年齢的にも乗りに乗っている選手ばかりだった。

私も中継ぎとしての役割が終わった後は、ベンチで野手と一緒に過ごしていたが、いつもベンチ内の雰囲気はとてもよかった。チームが劣勢にあったとしても、みんなが暗くならず「勝てるでしょ」「逆転できるよ」という雰囲気が常にあった。

日本一になった翌年、私は権藤さんの推薦でオールスターに出場することができた。プロ野球人でいる限り、いつかは出たいと思っていた夢の舞台である。1994年にそれなりの成績を残していた時は、私も出場できるかもしれないと淡い期待を抱いたが、残念ながら選出されることはなかった。1999年のオールスターに出場できたのは、佐々木さんが故障によって出場を辞退したためだが、その佐々木さんに代わって私を選んでくれた、権藤さんの気持ちがとてもうれしくありがたかった。

私は、倉敷マスカットスタジアムで行われた第3戦に登板した。自分としては、1イニング投げれば十分だったが2イニング投げることになり、2イニング目に1点を入れられてしまった。夢見心地で投げていたので詳細はあまり覚えていないが、イチロー（当時オリックス・ブルーウェーブ）と対戦して抑え、松井稼頭央（現埼玉西武ライオンズ監督）に打たれたことをよく覚えている。

あの年のセ・リーグベンチには、前年優勝監督の権藤さん、巨人の長嶋茂雄さん、中日の星野仙一さんと、球界を代表する錚々たる顔ぶれが揃っていた。一緒に出場したチームメイトの川村と「どこに座ろうか？」と、毎試合迷っていたのが一番の思い出である。

小谷正勝さんから学んだコーチングの神髄
――選手の長所を見つけ、伸ばす

小谷さんは大洋ホエールズのご出身で、現役引退後はホエールズやヤクルトのピッチングコーチを歴任。２０００年代に入ると読売ジャイアンツや千葉ロッテマリーンズ、現在はベイスターズにも呼ばれてコーチをされている、まさに球界を代表する名伯楽である。

小谷さんは物静かで言葉数も少ない。ブルペンでも投手のピッチングをじっと見つめていることが多く、私が現役の頃も時折ボソッと話しかけてくる程度だった。

小谷さんの指導法を振り返ると、選手をじっくり観察して、一人ひとりに合った助言を常にされていたように思う。「こうしなさい」という上から押し付けるような指導ではなく「君はここがいいから、ここをもっと磨いたら？」と提案するような言い方が多かった。私も「いいスライダーを持ってるじゃないか。それを磨けば一軍でできるよ」と小谷さんから言われて「そうか、スライダーを磨けばいいのか」と自信が持てたことで明確な目標ができて、練習にもより一層力が入った。

小谷さんは、選手が自発的に練習に取り組むように仕向けるのもうまかった。結局のところ「やる、やらない」は選手の自由。プロである以上、結果がすべてなのだから「結果を出すにはどうしたらいいか」を考えてやっていくしかない。ただ、人間はどうしても手を抜きたくなる生き物だから、小谷さんは選手に長所を気付かせ、それを伸ばしていくことで選手自身のやる気と自主性を引き出そうとしていたのかもしれない。

プロ、アマ問わず、巷のコーチにいがちな「手取り足取り」の指導を小谷さんがすることは絶対になかった。私の場合も、スライダーがよくなってきたら次の段階として「重心を軸足にしっかり乗せたら、キレがもっとよくなるのでは？」と重要なポイントだけを教えてくれた。

「提案はするが、押し付けない」という指導法は、今の私の指導の指針にもなっている。選手に提案して、もしそれが合わなければ「じゃあ、違うのを探してみよう」と提案を続ける。選手にいい提案、助言をするには、その選手をじっくり時間をかけて観察して、長所を見出していかなければならない。提案するには、自分の中の引き出しもたくさん必要である。この私には、まだまだ引き出しの数が少ないので、それを増やすことにも日々勤しんでいる。

選手の自主性を引き出すという意味では、権藤さんも同じタイプの指導者だった。権藤さんが監督に就任した際に行った最初のミーティングは「みなさんはプロなのだから、プロらしくやってください。以上」の一言で終わった。説教じみた長話はせず「プロなんだから、やることはわかっているよね」というスタンスで接してくるので、私たち選手も自然と「プロとしてどうあるべきか?」を自発的に考えるようになっていった。

権藤さんは、私が中継ぎで失敗しても「お疲れさん。明日もお前でいくからな」と声をかけてくれた。木内監督も、同様にこちらが「がんばろう」と思えるような声がけを、常にしてくれていた。お世話になった名指導者の方々のすばらしい指導法は、今の私にとっての教科書となっている。

プロの投球術とは？
――身に付けるには、やり続けるしかない

日ハム時代はマウンドに上がったら結果ばかりを求めて、気持ちと体の歯車がうまく噛み合わず、空回りしていたように思う。それがホエールズ（ベイスターズ）に移籍してから、さまざまな指導者の助言をいただきながら自分なりのピッチングを磨き、納得のいくピッチングができるようになっていった。

プロのピッチャーとして、一番大切なのはコントロールである。キャッチャーのサイン通り、コーナーにしっかり投げ込んでいれば、そこまで打ち込まれることはない。ストライク先行のピッチングを心がけ、ゾーンの中で勝負をしていく。相手の攻撃に呑まれることなく、自分のリズムでピッチングをするこ

とで、野手の守備にもリズムが生まれ、エラーが少なくなることもわかった。チームのエラーが多いということは、それはイコール「ピッチングのリズムが悪い」ともいえるのだ。

また、自分のピッチングに自信が持てるようになったことで、気持ちに余裕が生まれ「ここはヒットを打たれてもＯＫ」と考えられるようにもなった。ピンチの局面では、物事を俯瞰的に捉えることで、いろんな打開策が思いつくようになる。人はプレッシャーのかかる場面では、どうしても視野が狭くなりがちである。自分の視界を広げ、物事を俯瞰的に捉えるためにも、気持ちの余裕は欠かせないものだと思う。

中継ぎで経験を積むことで「このバッターのここに回転のいいボールを投げればファウルを取れる」という投球技術も身に付いた。一球一球の〝間〟を変えたり、足の上げ方に変化をつけたりして、バッターのタイミングを崩すことも覚えた。

私の現役時代の持ち球は、ストレートとスライダーの２種類だったことはすでにお話しした。しかし、ピッチングの技術を磨く中で、そのスライダーの曲がり具合を変える技術も身に付けた。だから、一口にスライダーといっても、私の場合は三振を取るスライダー、ストライクを取るスライダー、打たせて取るスライダーなどがあった。これらの技術も、気持ちに余裕がないとなかなかできないことだといえよう。

本校のピッチャーたちにも、普段からコントロールの重要性はもちろん説いている。さらに、細かい投球術よりもまずは「インコースを攻める」ことの重要性と、インコースを突くためのコントロールを身に付けてほしいということも伝えている。

練習中、私はブルペンを見ていることが多い。そこでは、小谷さんのようにあまり多く口出しはせず、じっと観察するようにしている。

選手たちのピッチングを見ていると、意図を持って練習に取り組んでいる選手と、何も考えずに「ただ投げているだけ」の選手がいることに気付く。意図を持って投げている選手に対して、私はほとんど何も言わない。一方の何も考えないでピッチングをしている選手には「それはピッチングになっていない。納得のいく球をまずは投げられるようにならないと」と必要最小限のことを話している。

「目的を持って毎日の練習に取り組み、なおかつそれをやり続ける」

これが重要なのだが、やり続けられない選手が本当に多い。「やり続ける」ことの重要性に気付かせてあげるのも、私たち指導者の大事な役割である。その助言の仕方にも、選手一人ひとり、響く言葉があるのでそれを見つけることに今は腐心している。

ベイスターズ退団後、ヤクルトへ移籍 ——恩師のもとで再起を図る

2000年のシーズン終了後、私は球団から戦力外を告げられ、自由契約となった。1999年、2000年と2シーズン続けて不振だったのがその理由

だった。

私自身はまだ30歳だったし、どこも痛くなく体も動いていた。だから引退する気はまったくなく、契約してくれるのならどこにでも行くつもりで他球団からのオファーを待った。

その時、幸いにも3球団から声をかけていただいたのだが、そのうちのひとつが、私の恩師である小谷さんがコーチとして在籍していたヤクルトだった。小谷さんは「お前はまだできる。ヤクルトに来る気があるなら俺が球団に話をしてやる」と言ってくれた。私は、ありがたく小谷さんの提案をお受けすることにした。ヤクルトを選択したのは、小谷さんからいただいたお話だったことが第一であるが、小谷さんのもとで再びピッチング技術を磨き、ベイスターズを見返してやろうと思ったのも大きな理由である。

各球団によって、キャンプの練習内容が大きく異なることは日ハムからホエールズに移籍した時に感じていた。ベイスターズ時代は「陸上部か？」と思うくらいランメニューが多かったのだが、ヤクルトはびっくりするくらい走らないチームだった（その代わりにウエイトメニューが多かった）。走る量をベイスターズが10だとしたら、ヤクルトは6くらい。球団によってこうも違うものかと、改めて驚かされた。

ヤクルトのキャンプで、私は初めて本格的なウエイトトレーニングに取り組んだ。アウターマッスルを鍛えるメニューより、どちらかといえば障害予防のための、インナーマッスルを鍛えるメニューのほうが多かったように思う。肩甲骨を柔らかく使えるようにするトレーニングなど、31歳にして初めて取り組むメニューばかりだった。恥ずかしながら、プロ入り13年目にして初めてウエイトによる筋肉痛も経験した。

真剣にウエイトトレーニングに取り組んだことで、自分でも驚くほど体が筋肉質になった。ピッチングにもその効果はすぐに表れた。目に見えてストレートが速くなるとかそういったことではなく、以前より疲れにくくなったり、回復が早くなったりと明らかな肉体の変化を感じることができたのだ。

ヤクルト移籍1年目は若松勉監督のもと、中継ぎとして53試合に登板してリーグ優勝と日本一に貢献することができた。しかし、2年目にそれまで経験したことのない肩痛を発症し、思ったようなピッチングができず、私は再び自由契約の身となった。

30歳を過ぎて感じた肉体の変化
――近鉄で現役生活に別れを告げる

20代までの私は、慢性的な肘の痛みはあったものの、それ以外の箇所が痛いとか、動かなくなるとかいったことはまったくなかった。だが、30歳になったあたりから徐々に肉体に変化が生じ、体力が落ちてきていることは自分でもわかっていた。

ヤクルトに入って本格的なウエイトトレーニングに取り組んで、体の疲労はだいぶ改善されたものの、投球中に肩に痛みが生じたり、ふくらはぎがつるようになったりと肉体の変化は続いた。きっとこれが、衰えというものだったのだろう。

肉体の衰えや老化は人間の宿命であり、避けられないものである。しかし、トレーニングをしっかりと積み、ストレッチやマッサージなどのメンテナンスも欠かさず念入りに行うことで、その進行を遅らせることはできる。私は、投げることにはいつも本気で取り組んでいたが、それ以外のトレーニングや体のメンテナンスは不十分だった。そしてそのツケが、30歳を過ぎて一気に表面化してきたのだ。

2002年のシーズンオフ。ヤクルトを自由契約となり、私は再び移籍先を探す身となった。「32歳の自分を獲ってくれるところがあるだろうか?」という不安と戦いながら、当時トライアウトはなかったので、私はいろんな球団のテストを受けて回った。

セ・リーグの球団は私の状態をよく知っているだけに、獲ってくれる可能性は低いと思った。そこで私はパ・リーグに焦点を絞り、千葉ロッテマリーンズ、福岡ソフトバンクホークス、近鉄バファローズの3球団のテストを受けた。

ロッテに落ち、ソフトバンクにも落ちて、最後に近鉄を受けた。近鉄のテストに参加した投手の数は、ロッテやソフトバンクよりも多かった。他の投手は私よりも若く、球威もあった。私は「ダメ元で、自分の長所をちゃんと発揮できればいいや」と腹をくくった。

自分の長所は「コントロールとキレ」だった。その時はインコースの真っ直ぐがよかったので、そればかりを必死に投げた。

大阪から帰ってきて2日ほどして、ヤクルトの編成担当者から「近鉄、受かったぞ」と連絡が入った。携帯に編成担当者の名前が表示された時「どうせ落ちたこととの連絡だ」と電話に出たくなかったのだが、予想外の合格の報せに家族みんなで喜んだ。

近鉄に移籍後、軽い肩痛などはあったものの、ファームではそこそこ投げることができて、結果も残せた。しかし、なかなか一軍に呼んでもらえず、シーズン終盤に一軍に上がった頃には調子のピークはすっかり過ぎていた。一軍で結果も残せず「現役を続けるのはもう無理だ」と私は思うようになり、家族とも相談して引退を決意した。

息子が野球をするようになり「一緒にプロ野球でプレーできたら最高だな」という淡い夢を抱いたりしたこともあった。そのためには、息の長い選手でいる必要があったのだが、トレーニングやストレッチなど体のメンテナンス作業を怠ってきた私は、長く現役を続けることはできなかった。

イチローのように、体を鍛え、ケアもし、息の長い選手でいるためにストイックな生活をしている選手が「超一流」なのだと思う。そういった意味では、私はプロ野球選手として「超一流」には程遠かった。

体を健康に保つためのトレーニングやストレッチの方法を、もっと積極的に学んで実践していれば、少なくともあと2~3年は長く現役を続けられたと思う。「後悔先に立たず」とよく言うが、それがプロ野球選手として生きてきた私の一番の反省点である。本校の選手たちには、私のように後悔する野球人生を送ってほしくないので、日頃からストレッチなどで体のメンテナンスをすることの重要性はよく伝えている。

日ハムの裏方から独立リーグで指導者に
——徳島インディゴソックスでリーグ3連覇

私をプロの世界に導いてくれたのは、日ハムのスカウトだった山田正雄さん（現在は日ハムのスカウト顧問）である。引退を決意した後、私は山田さんに電話をして引退することと感謝の思いを伝えた。山田さんが獲ってくれなければ、私がプロ野球選手になることもなかった。

山田さんは電話で「次に進む道がまだ決まっていないなら、日ハムに裏方として来ないか」と誘ってくれた。その時はまだ引退後のことは何も決めていなかったので、山田さんからの提案は本当にありがたかった。

2004〜2006年までの3シーズン、私は古巣の日ハムで打撃投手を務めた。そしてその後、2007年に山田さんの伝でBCリーグに所属する信濃グランセローズにピッチングコーチとして行くことになった。ちょうどその年から、独立リーグである北信越ベースボール・チャレンジ・リーグ（北信越BCリーグ）が立ち上がり、その加盟チームのひとつであるグランセローズに招かれることになったのである。

グランセローズでは4シーズンに渡ってピッチングコーチを務めたが、私は現役時代から引退後まで、人の縁にとても恵まれていると思う。

2011年には、四国アイランドリーグの徳島インディゴソックスに呼ばれ、ピッチングコーチとなった。そして1シーズンを過ごした後、2012年から人生初の「監督」に就任した。

自分では「縁の下の力持ち」的な役割が得意だと思っていたので、最初に監督就任を要請された時は「そんな器ではありません」とお断りした。しかし、球団代表から懇願されて「そこまで言っていただけるのなら」とお受けすることにした。野球人として、監督という重要な役割に興味がないと言ったら嘘になる。「よし、一回チャレンジしてみよう」と私は決意した。

監督には結果が求められる。ただ、そのプレッシャーを気にしてばかりいると、チーム全体が見られなくなってしまうので、とにかく視野を広く保つことを心がけた。

四国アイランドリーグは前期と後期に分かれており、監督2年目の2013年にうちは後期優勝を果たし、2年ぶりの年間総合優勝を収めることができた。さらに監督3年目の2014年には前期、後期ともに優勝して3連覇を達成（両期ともに優勝するのはリーグ史上2チーム目の快挙だった）するとともに、2年連続の年間総合優勝となった。

独立リーグの功績が認められ、ベイスターズに復帰

インディゴソックスに指導者として4シーズン携わり、選手たちの実力はプロ野球の二軍選手とそれほど変わらないと感じた。しかし、それぞれに「何か」が足りなかった。その「何か」とは、全力疾走をしていない、一歩目が遅

い、など本当に単純な部分ばかりである。でも、その単純なことをぬかりなくやっているのが「プロの一軍」なのだ。そのことを選手たちに気付かせることも、私の大事な役割だと思って指導していた。

3連覇、2年連続総合優勝と、結果を残していたので「もしかしたらプロ野球のどこかの球団が声をかけてくれるかな?」という淡い期待は心の片隅にあった。でも、期待が大きすぎるとダメだった時のショックも大きくなるので「まあ、俺なんか無理だよな」と努めて思うようにしていた。

そんなある日、練習後に携帯を見ると、知らない番号から着信があり、留守電も入っていた。再生すると「ベイスターズの高田です」という聞き覚えのある声。ベイスターズの当時のゼネラルマネージャー、高田繁さんからの電話だった。すぐに折り返しの電話を入れると「二軍のピッチングコーチに」という話だった。その瞬間、プロ野球の世界に復帰できるというううれしさが込み上げてくるのと同時に「がんばっていれば、見てくれている人はいるんだな」と感謝の思いでいっぱいになった。

二軍とはいえ、プロ野球のコーチができるのは野球人としての名誉である。現役を終えた選手すべてがコーチになれるわけではない。私がプロ野球の世界に入った最初の監督が高田繁さんだったご縁も感じながら、私は2015～2017年の3シーズンを二軍のピッチングコーチとして過ごした。当時の教え子には、三嶋一輝や砂田毅樹（現中日ドラゴンズ）がいる。

その後、2018～2019年まではベイスターズの球団職員として、野球の普及を目的とした部署で働いた。その部署では日中、小学校を回って子どもたちに野球の楽しさを教え、夜は野球スクールでの指導。さらには、ベイスターズ・ジュニアのコーチも兼務していた。この時期は朝から晩まで本当に忙しく働き、パソコンを使った事務作業にも向き合い、いろんな意味で勉強になった2年間だった。二軍でのコーチ生活を含め、ベイスターズで指導者として過ごした5年間は、指導のみならず人間性の幅をも広げてくれたように思う。

常総学院

第3章

元プロ指導者として——備えて勝つ

２０２０年３月、ピッチングコーチとして母校に復帰

たしか、２０１９年のゴールデンウイーク頃だったと思う。母校である常総学院から「戻ってきて、チームに力を貸してもらえないか」と電話が入った。私としてはプロ野球界に携わっていたいという思いがあったので、当初は丁重にお断りしていた。

しかし、何度か電話などでやりとりしているうちに、学校側の熱意を感じるようになった。私自身、こうやって野球界で生きていられるのは常総学院のおかげでもある。自分の力で何か手助けできることがあるのなら、それが恩返しになるのではないか？　また「人間、求められているうちが花だよな」とも感じた。熟考した末、私は母校からのオファーを受けることにした。

その後、何度か学校側と話を詰めていく中で、コーチとして復帰することが

正式に決まり、私は日本学生野球協会の定めた学生野球資格回復制度を取得し、2020年3月からピッチングコーチとして母校に復帰した。

常総学院は2016年の春夏連続出場以来、甲子園からは遠ざかっていた。私たちがいた頃のような甲子園常連校ではないことは、当然私も復帰する前から知っていた。だからこそ「母校を強くしたい。恩返ししたい」という気持ちが強かったのだ。高校生を初めて指導するという不安より、ワクワク感のほうが大きかった。

元プロ野球選手の指導者として、色眼鏡で見られるのはわかっていた。勝っても負けても、きっといろいろ言われるであろうことは覚悟の上だった。私も、プロ野球という厳しい世界で生きてきた人間である。「やってやる」という強い思いもあった。

私がコーチとして戻ったのは、センバツが史上初めてコロナ禍によって中止と決まった直後だった。学校は臨時休校となり、選手たちも思うような活動ができずにいた。

練習ができるようになり、グラウンドで目にした選手たちは、どこかだらけているように見えた。コロナ禍に翻弄される生活によって、モチベーションがだいぶ下がってしまっているようだった。

入学式なども延期となり、新入部員がグラウンドで練習を始めたのは6月頃からだった。それまでは2・3年生主体での練習が続いていた。

ピッチングコーチとして赴任した直後は、選手たちの様子を観察することに徹した。まずはどういったチーム状態か、選手それぞれの実力、練習に取り組む姿勢などを確認しておく必要があったからだ。

当初、コロナ禍の練習不足やモチベーションの低下などにより、選手たちはだらけているのだと思っていた。しかし、観察を続けていると、どうも理由はそれだけではないような気がしてきた。

私が現役だった頃は練習、試合を問わず、木内監督に言われる前に選手たちは自主的に動いていた。だが、私が見た今の選手たちは、監督から指示されるまで動かない。聞き分けはいいのだが、自分で考えて動こうとする選手がほとんどいない状態だった。

見ていると、監督やコーチから指示されるまでは、ペチャクチャとおしゃべりしているグループもあったりする。そうかと思えば、わりと自発的に動こうとしている選手もちらほら見かけた。

今の選手は考えて動こうとしないが、要領はいい。私たちが見ているところではそれなりにやっている姿勢を見せるが、見ていないと途端に手を抜いたりする。野球の技術を磨く前に、やることがたくさんあるように感じた。

私はまず、監督やコーチが見ていないところでこそ、しっかり練習することの重要性を説いた。グラウンド内だけでなく、グラウンド外での普段の生活でも自分を律し、周囲に配慮した行動を取らなければならない。コーチに就任した当初は、野球のコーチングというより、そういった「普段の過ごし方、生き方をしっかりしよう」と話すことがとても多かったように思う。

監督に就任し、意識改革から着手

コロナ禍の影響で、センバツに続き夏の甲子園も中止となった。各都道府県で独自大会が行われたのだが、茨城県はベスト8が出揃ったところで日程の都合により大会は打ち切りとなった。3年生最後の大会は、3回戦で多賀に負けて終わった。そしてこの大会が終わった直後、私は佐々木前監督からチームを引き継ぎ、監督に就任することになる。

新体制では、佐々木前監督は総括として部を支えてくれることになり、部長は松林康徳先生（常総学院が2003年夏の甲子園で優勝した時の主将）、その他に木内監督をずっと支えてきた大峰真澄先生（私の現役時代もコーチをしていた方）、國井伸二朗先生、草場大輔先生の3名が顧問としてチームをサポートする体制となった。

コーチとしてチームを半年近く見てきて、私は「心技体」の「心」の部分が選手たちに最も欠けていると感じていた。「心」とは「精神」であり「考え方」と言ってもいいだろう。「心」を整えなければ、その後の「技」も「体」も身に付きはしないし、伸ばすことも、磨くこともできない。

新チームとなった最初のミーティングで、私はそれまで見てきて感じていたことを選手たちに話した。挨拶、返事、整理整頓、準備、片付けなど、選手たちの練習に臨む姿勢、普段の生活態度、すべてが適当だった。選手たちは「野球がうまくなる」「チームを強くする」というスタートラインにすら着いていなかった。

「基本からやり直そう」

私は選手たちにそう言って、初日の練習は部室、グラウンドおよびグラウンド周辺の掃除から始めた。

それまでの野球部は、部室は汚く道具の扱い方もいい加減だった。野球部の道具は、自分のものではないから適当に扱う。部の道具だとしても、借りたものはきれいにして返すのが礼儀である。でもほとんどの選手が、借りたら借りっぱなし、済んだら適当に置きっぱなしだった。選手たちのそういったいい加減さは、実際の試合でプレーとして表れてくる。試合でボーンヘッドをしないためには、普段の生活から律していかなければならないのだ。

いい加減なことをしているやつがいたら「それはダメだ」と指摘できる人間になろう。

「道具が汚い」

「道具が放置されている」

「いい加減に片付けられている」

そういったことに気が付ける人間になろう。私がそう言い続けることによって、選手たちの日頃の姿勢も少しずつだが変わっていった。

新チームのキャプテンである田邊広大は、選手たちを引っ張りながら自主的に動いてくれた。選手たちのだらしなさ、いい加減さが目についた時は、選手たちを怒らずにあえてキャプテンを怒った。田邊には辛い役回りをさせてしまったが、日々の生活を正していくという地道な作業の積み重ねがあったからこそ、私たちはセンバツに出場できたのだと思っている。

野球は準備のスポーツである
――備えて勝つ

私は普段の練習では「限られた時間を有効に使おう」と選手たちにいつも言っている。これは、独立リーグの監督時代からずっと言い続けていることでもある。練習前のいろいろな準備をきびきびとこなせば、それだけ練習時間を長く取れる。逆にだらだらと準備をしていれば、練習時間はそれだけ削られて短くなってしまう。強くなるための練習は、実は練習前から始まっているのだ。

監督として、私はこのように選手たちの意識改革から着手していった。それもこれも、すべては常総学院をかつてのような強いチームにするためである。

野球は〝間〟の多いスポーツで、これは球技の中では大変珍しい。でも、この〝間〟を有効に使うか否かで、勝敗は大きく分かれる。〝間〟は、備えるための大切な時間だ。試合前は、本番でしっかりプレーできるように準備をする。ネクストバッターズサークルでは、自分の打席に備えてその都度状況を判断しながら準備する。打席では一球一球、バッテリーの配球を読み、次にどうすべきかを考えて準備をする。守備に就いている時も、出塁してランナーになった時も、常に「次に何をすべきか？」を考えて準備する。

このように考えると「野球は準備のスポーツである」といってもいい。しっかり備え、普段通りの力を発揮した者が最後に勝つのだ。

選手たちに「甲子園に行きたいか？」と聞くと「行きたいです」「行きます」と当然のように答える。でも「じゃあ、甲子園に行くために具体的にどうするの？」と聞くと、ほとんどの選手が答えに窮する。

「甲子園に行くためには、どうしたらいいのか？」

その答えを探すには「自分には何が足りないのか？」「チームとして何が足りないのか？」を考えていく必要がある。自分に足りないものがたくさん見つかったら、優先順位を付けてそれをひとつずつクリアしていく。チームとして足りないものは、みんなで考えて対処していく。そうやって足りないものをクリアしていった先に、甲子園は見えてくるのだ。

今、偉そうなことを言っているこの私も、高校時代に準備の大切さや「甲子園に行くためには、どうしたらいいのか？」をしっかり考え、対応していたわけではない。でも、高校生の頃からこういったことを考えておくのは、甲子園に行くためだけでなく、社会人になってからも必ず生きてくる。だから、うちの選手たちにも、口を酸っぱくして「準備をしっかりしろ」「限られた時間を有効に使おう」「自ら考えて動けるようになれ」と言い続けているのだ。

自主トレに重きを置く

何も考えず、指導者に言われたことをこなすだけの「やらされる練習」と、自ら考えて動く「自発的な練習」では、どちらがその選手の実力を伸ばしてくれるか？　答えは言うまでもなく「自発的な練習」に取り組んだほうである。選手の「自ら考えて動く力」を育む上でも「自発的な練習」は欠かせない。だから、うちでは全体練習よりも選手たちがそれぞれに考えて動く自主トレに重きを置いている。

シーズン中の全体練習は、16時から20時までの約4時間である。その後、寝るまでが選手たちの自由に使える時間となり、各自の自主トレはこの時間帯に行われる。土日の日中は練習試合となることが多いので、試合以外の時間を自主トレ時間に当てている。

もちろん、自主トレの時間に何をやるのかは各自の自由だ。寮や家に帰って休んでもまったく構わない。私は「まず、自分に何が足りないかを考えなさい。そして自分の実力を伸ばすためには、どういった練習に取り組んだらいいかを考えて実行しなさい」と選手たちに伝えているのだが、ほとんどの選手が「自分の好きな練習」「やりたい練習」しかやらない。

野球部の寮は、グラウンドから徒歩15分くらいのところにある。寮で生活している選手たちは、全体練習が終わると寮に戻り、素振りやシャドウピッチング、あるいは小さな室内練習場でマシンを使ったバッティング練習などに取り組んでいる。

ほとんどの選手が、バットを使った練習を行っているのを見ると「守備の自主トレだって、いくらでもできるのにな」と思う。でも、私はそれを選手たちには言わない。先述したように言われて動く「やらされる練習」ではダメなのだ。自分で考え、気付き、練習に取り組むことでしか技術は身に付かないし、自分の実力を伸ばすこともできない。

私は選手たちに「文武両道」も求めている。だから、私の現役時代のような「一日野球漬け」の生活をしろとも絶対に言わない。それよりも限られた時間を有効に使って、野球の実力とともに学力も伸ばしてほしい。そんなわけで、うちでは試験で赤点を取ると「練習禁止」となる。赤点を取った選手はグラウンドの脇に机を出し、そこで3～4日は課題を勉強するだけの日々を過ごす。

私は、だらだらと練習するのが昔から嫌いである。腹八分で「もうちょっと練習したいのにな」と選手が思うくらいのほうが、やる気も集中力も高まっているので身になる練習ができる。

オンとオフをはっきりさせ、集中した状態で次の練習に取り組む。このようなサイクルがとても大切だと思っているので「オフはしっかり休む」ことも徹底している。そこで選手が「練習、物足りないな」と感じてくれたらしめたものである。

一方通行ではなく双方向の指導を目指す

常総学院の指導者に復帰した2020年春、選手たちと最初に顔を合わせた場で私は「遠慮なく私のところに聞きに来てください。私も君たちに教わることがあると思います。これから、しっかりコミュニケーションを取って、全国制覇を目指してがんばっていきましょう」と話した。

以降、日々の練習の中で、極力選手一人ひとりとコミュニケーションを取っていこうと思っているのだが、部員数が100人近くになるとなかなかそれも難しい。もちろん選手が質問に来れば、いつでも答えられる準備はしている。しかし、警戒されているのか、あるいは気兼ねしているのか、私のところに直接聞きに来る選手は残念ながら少ない。

だから、私はキャプテンとのコミュニケーションはとくに密にして、私の真意をまずはキャプテンに伝え、それをチーム全体に浸透させてもらうようにしている。

また、一方通行の関係になるのは嫌なので「俺はこう考えているけど、お前の考えや意見はないか？」とキャプテンには必ず聞く。私にはプロで培った経験、ノウハウがあるが、それが野球のすべてだとは思っていない。だから「気付いたことがあったら、どんどん俺に言ってきてくれ」ともキャプテンには伝えてある。

先述したように、上から押し付けられるだけの「やらされる練習」では、実力は思うように伸びていかない。自分に何が足りないかを考え、目標を持って練習に取り組む。その準備と実行の繰り返しが自分の成長となり、ひいてはチーム力のアップにつながるのだ。

なかなか私のところに質問に来てくれる選手は少ないものの、たまに「自分にはこれが足りないと思うのですが、どんな練習をしたらいいですか？」と聞いてくる選手もいる。

そんな時、私は明確な答えは言わずに「こんなふうなことをしてみたら？」とヒントを与えるようにしている。自分でいろいろと考え、実際に試してみて、一番自分に合っている練習を続ければいい。

もし、そこで選手自身が「何か違うな？」とか「あんまりよくなっていないな？」と感じるようなことがあれば、そこでまた私は選手と一緒に考え、ヒントを与える。こういった作業を繰り返していくことで、選手の思考の幅は広がり、私の指導者としての引き出しも増えていく。

私は投手出身なので、うちの投手陣がどんな練習をしているのかはとくに気になる。彼らにいつも言っているのは「走るのと投げるのが君らの仕事だから」ということだ。いつも同じトレーニングメニューばかりやっていたら、どうしてもだらけてきてしまう。毎日しなければならない必須のメニューはあるが、それが終わったら自分が苦手とすることに取り組んだり、足りない部分を補うためのトレーニングをしたりすることも重要である。

本気で「いいピッチャーになりたい、チームを強くしたい」と思っているのであれば、自然にそういった練習をするだろう。本気でなければ「時間がないからやらない」で終わってしまう。選手たちの成長具合はこういった「本気か否か」の部分でも大きく違ってくるので、私はなるべく選手たちとコミュニケーションを取り「本気で取り組むこと」の重要性に気付いてもらえるように努めている。

「これ」と決めつけず、柔軟な指導をしていく
――ABC分けも試行錯誤が続く

これはどんなスポーツでも同じだと思うが、チームが勝てなくなると監督は周囲からいろいろと言われるものだ。私は自信を持って選手たちを指導しているし、練習にも取り組んできた。しかし、本書でもお話ししたように、2021年の秋から秋季大会、翌年の春季大会、夏の大会と大会の序盤で負けることが続き、私自身「やり方が間違っていたのかな」と思ったりしたこともあった。

選手とのコミュニケーションの取り方、指導、練習方法、すべてが「永遠に同じ」ということはあり得ないと私は思っている。毎年、新たな選手たちが入ってくるし、その代、その代で特色は異なるので、その時の選手たちが一番伸びるやり方を指導者は選んでいくべきだと思う。もちろん練習方法など、野球の基本を鍛えるようなメニューは続けていくべきだろう。だが「今の代にはふ

さわしくないな」と思えるものはすぐに省き、新たな方法を模索していくことも大切だ。

私は監督となって、2023年7月で丸3年を迎える。今も、指導に関しては毎日試行錯誤の連続である。でも、どんなにベテランの監督さんであっても、きっと試行錯誤は続けていらっしゃるに違いないと、私は勝手に思っている。

チームのABC分けに関しても、当初は選手を明確に分けて編成していた。だが、2022年秋時点では、ABCの編成を選手たちに発表することはしなかった。週末の練習試合のたびに、私とコーチで編成を決めてそれぞれの試合に臨んだ。このやり方にしたのは、選手たちを頻繁に入れ替えることで、競争意識を高めてほしかったからである。

BからAに上がった選手は「よし、もっとがんばろう」と感じてくれればいいし、AからBに下げられた選手は、なにくそ精神で這い上がってきてくれればいい。でも、私たちの狙い通りには考えてくれない選手も中にはいるので、このABC編成の選手の振り分け方の試行錯誤は今も続いている。

高校野球は、秋春夏にそれぞれ大会がある。選手たちはこの大会のベンチ入りを目指して日々練習に励んでいるわけだが、私は選手たちにいつも「3拍子揃っているのに越したことはないけど、チームで一番守備が堅い、バントがうまい、走塁がうまい、そういった何か光る部分がひとつでもあれば、ベンチ入りできる可能性が広がるよ」と伝えている。

チームの指導方法や運営方法に正解はなく、この世に存在するチームの数だけ「そのチームに合ったやり方」「最善の方法」というものがあるのだと思う。

2023年8月から、私は監督として4年目を迎えることになる。これからもチームのため、選手たちのために、私は最善の道を探し続けていこうと思っている。

指導者の仕事は教えることではなく、気付かせること

私も今までの野球人生の中で、たくさんの指導者に野球を教えていただいてきた。ベイスターズ時代の小谷さんのように「この人がいたからレベルアップできた」という指導者もいたし「その指導はないだろう」と思う指導者もたくさんいた。指導法は悪くないのだが「この人のやり方は俺には合わないな」と思うこともあった。だから、私は指導者の言うことを一度は聞き、それを自分の中で消化しながら「これは合っているな」と思えば取り入れ、合わないやり方はそのままスルーするようにしていた。

プロ野球選手の中には、コーチの言うことを聞きすぎて自分を見失い、せっかくの長所もダメにして野球界を去っていく人間も多い。これは、コーチがその選手に対してあーだこーだ言いすぎたことが原因だが、その元凶となったコーチは「細かく指導するのがコーチの役目」と勘違いしているので、自分が選手をつぶしたなどとは露ほども思っていない。

ベイスターズ時代の監督であり恩師でもある権藤さんは、アメリカで学んだというコーチング「Don't over teach」（教えすぎない）を実践していた。コーチの仕事とは、教えることではなく、気付かせることだとよく仰っていた。

今、私は過去に自分が経験したことをもとに、よかった指導者はお手本とし、あまりよいと思えなかった指導者は、反面教師として自分の指導に役立てている。選手の自主性を引き出す上でも、そのポイントとなるのは「選手にいかに気付いてもらうか」だと私は思っている。

選手は一人ひとり、個性があり考え方も異なる。だから、長所を伸ばすにしてもそれぞれに合った助言、サポートをしなければならない。でも教えすぎは禁物なので、ピンポイントで指摘したり、ヒントを与えるだけだったり、その都度私なりに考えて言い方、接し方は変えている。

先に述べたように、選手たちには「聞きたいことがあったら遠慮なく聞きに来なさい」と言っているのだが、遠慮してなのかどうか、あまり聞きに来てはくれない。私の高校時代を振り返っても、高校生が自分から監督に何かを聞きに行くのは、ハードルの高いことなのかもしれない。最近は、練習に臨む姿勢や普段の生活態度などで気になることが多いため、選手たちを叱りつけてばかりいるのも、私を遠ざける要因となっているような気もする。これは私自身、大いに反省しなければならない点である。

ただ、母校に復帰した当初のコーチ時代は、選手たちも結構話しかけてきてくれた。そう考えると、監督に就任したことで「チームのトップとしてどんと構えていないといけない」と私自身が思いすぎていたのかもしれない。選手たちが近寄りがたい雰囲気を自ら醸し出しているのだとしたら、それも改めていかなければならないだろう。

母校の監督となって、もうすぐ丸3年になる。現時点での感想は「高校野球の監督は想像以上に難しい」ということだ。高校野球の監督は、グラウンドの中だけを見ていればいいというわけではなく、チームを取り巻くすべてをトータルプロデュースしていく手腕も求められる。選手たちと同じように、私も日々いろんなことを学んでいる。

2021年夏の決勝敗退も、2022年夏の初戦敗退も、私にはどちらも本当にこたえる出来事だった。でも、そうやって次々に現れる壁を越えていかないと、その先の段階に進むことはできない。次に現れるであろう壁を越えるために、私はこれからも日々学び、できる限りの準備をしていくだけである。

常総の目指す野球とは
――準備と状況判断

結果を残しているうちはいいが、負けが込んでくるとネットのSNSを含む外野から「あれは常総野球じゃない」「木内野球じゃない」という声が聞こえ始める。そういった時「何が常総野球なのだろう?」「何が木内野球なのか?」と考える。

私は本校の3期生として、木内監督からたっぷり野球を教え込まれた。木内監督が常総学院に来たのは私が入学する約半年前なので、いわば私は常総野球の走りであり、「木内野球の申し子」ともいえる存在のうちのひとりだと思うのだが、周囲からの声を打ち消すにはきっと勝つことが一番なのだろう。

木内監督がやっていたのは、機動力で相手を撹乱し、堅守で守り勝つという野球だ。木内監督の野球は、私が目指している野球の礎でもある。

私はいつも選手たちに「準備と状況判断」と言っている。これは、しっかり準備をして、状況に応じたプレーができるようになろうという意味である。打席に入っている時も、守備の時も、状況に応じて「しなければいけないこと」は異なり、アウトカウント、ボールカウント、走者の有無、ゲームの進行具合（序盤、中盤、終盤）などによっても対応することが変化していく。それを瞬時に判断し、実行していくのが私の目指す野球だ。

私の高校時代は、まず木内監督に認められないと試合に出してもらえないので、チャンスをもらったらそれを逃すまいと必死でプレーしていた。野球を学び、準備を行い、瞬時に木内監督の戦術に応えられるようにして、臨機応変に対応できる思考の柔軟性も身に付けていった。

私たちが現役だった昭和という時代には厳しい指導者も多かったが、いざ試合が始まったら「ああしろ」「こうしろ」と上から押し付けるような指示をする人は少なかったように思う。木内監督も試合中は「自分たちで考えてプレーしなさい」というスタンスだった。

今、うちの選手たちを見ていると、私の出すサインの意味も考えずに「ただプレーしているだけ」というタイプが多い。もちろん、そのようなレベルの低い考え方では、レギュラーになるのは難しいと言わざるを得ない。私のサインの意図するところを理解し、何か予想外のことが突発的に発生しても、その都度臨機応変に対応できるような選手がレギュラーの座をつかむ。

試合中、出したサインの意図するところを選手が理解していないと感じたら、ベンチで独り言のようにつぶやく。これは、ベンチにいる選手たちに「今のサインはこういう意味があった」と理解してもらいたいからである。またそれとは逆に、私の意図を汲み、サインの意味を考えてプレーしてくれた選手がいたら、ベンチで「今のプレー（動き）は最高だ」と褒めることもある。

私は、選手たちが自分で考えて動いてくれる野球を目指しているが、それは決してノーサイン野球を理想としているからではない。練習試合では「お前らでやってみろ」とノーサインにしたりすることもある。そして「なるほど、こう考えているのか」と選手たちの現状を理解する。ただ、ノーサインの試合を繰り返すと、今度は「ここはエンドランでしょ」「バントでしょ」と何も考えずにセオリー通りのことをやり始めるので、ずっとノーサインの試合を続けるわけにもいかず、そのバランスがなかなか難しい。

私の現役時代から高校野球の監督をされており、常総学院の監督を務めたこともある専大松戸の持丸監督は、サインをあまり出さないことで有名だ。2015年に千葉大会で優勝した時も、全試合を通じてほぼノーサインで勝ち上がったのだという。そして、そのスタイルは今も変わっていないようだ。

持丸監督は70代中盤だが、あの世代の監督でサインをあまり出さないのは非情に珍しい存在だと思う。きっとそんな持丸野球を体現するために、周囲のスタッフがそれをしっかりとサポートし、なおかつ専大松戸の選手たちが真摯に野球を学び、深く理解することに努めているのだろう。私も大先輩に倣い、選手が自分で考えて動く野球をこれからも目指していきたい。

第4章

甲子園に行くための練習と戦術

すべての基本はキャッチボールにあり
――夏の大会初戦敗退で見直した野球の基本

本校の全体練習は、授業の終わった16時くらいから20時くらいまでの4時間（月曜はオフ）。シーズンオフの冬季は、18時30分くらいには練習を終える。私の現役時代は、もっと遅い時間まで全体練習が行われていたが、今は練習の質を上げるために練習時間は短めにしている。

野球は相手を0点に抑えれば、負けることはない。負けない野球をするには、投手力を含めた「守備力」を向上させる必要がある。私が監督に就任した当初は、エラーが失点につながり、大事な試合を落とすことが結構あった。

守備を鍛えるために、私は守備練習に割く時間を増やした。その中でも、うちがとくに力を入れているのはキャッチボールである。守備の基本であるキャッチボールにいろんな方法を取り入れ、念入りに行っている。

守備の際の捕球や送球が安定しないのは、投げることばかり考えて動いているからだ。捕球の前に送球を意識しすぎると、捕るのが疎かになってエラーをしたり、早く投げようとしてステップが不十分になって悪送球をしたりしてしまう。そういった捕球と送球のエラーを減らすために、うちでは野球の基本中の基本であるキャッチボールに力を入れているのだ。

通常のキャッチボールが終わった後、3人一組が塁間で対になって、いろんなバリエーションのキャッチボールを行う。これは佐々木前監督の時代から行っている常総ならではの練習方法である。

バリエーションとしては、

①捕ったらすぐに投げる→これを3人代わる代わる繰り返す
②捕球後、3メートルほどステップをしてから投げる
③捕った選手がファンブルしたという想定で、カバーに入った選手が落ちたボールを拾って投げる

などだ。このように、通常のキャッチボールの後に、いろんなバリエーションの塁間キャッチボールを毎日10～15分程度行っている。

母校に復帰して以降、アップのラダートレーニングなどを見ていて、アジリティ（敏捷性、素早さ、軽快さ）の苦手な選手が意外にも多いことに私は気付いた。守備の動きにアジリティは欠かすことのできない要素である。守備力を向上させるには、ラダートレーニングだけでなく実際に守備の動きの中で、アジリティを鍛えていくことが重要だ。そういった意味でも、キャッチボールの中にステップなどの動きを取り入れ、流れるような動きを体で覚えていくことがとても大切だと考えている。

ピッチャーへの助言、練習方法
――フィールディングも大切

私が日頃ピッチャーたちに伝えているのは「ストライクを取れる変化球をひとつ覚えなさい」ということだ。これは、どのピッチャーにも伝えている共通事項である。

5つも6つも変化球を覚える必要はない。真っ直ぐとストライクの取れる変化球。このふたつを完璧にマスターすれば、たとえ150キロを投げられなくても高校野球のトップレベルで通用するピッチングを身に付けられるはずだ。「変化球を数種類投げられます」というようなピッチャーでも、そこにキレとコントロールが伴わなければ意味がない。まずは変化球1種類に磨きをかけ、そのボールを決め球として使えるようにするのが先決である。本書で何度か述べてきたが、現役時代の私にとってはその変化球がスライダーだった。

近年、ウエイトをはじめとするトレーニング機器の発達により、高校生でもマシンを使ったトレーニングが盛んに行われている。だが、私はうちのピッチャーたちには、まずは走って下半身を鍛えることが重要だと説いている。

ランメニューに関して、うちではポールトゥポール（いわゆるPP走と呼ばれる練習）を何十本も走るようなトレーニングは課していない。それぞれの選手の体力に合わせた時間設定をして、その時間内に走るＰＰ走を毎日10本程度やれば十分だと思う。また、長距離が得意なタイプもいれば、短距離が得意なタイプもいるので、それぞれが得意とする距離のランメニューを中心にこなしていけばいい。肝心なのは、ただ単にたくさん走ることではなく、質の高いランメニューをずっと続けていくことなのだ。

近年、うちのピッチャーは1学年10人×3学年＝計30人ほどが在籍している。そのため、全員が毎日ブルペンで投げ込み練習をすることはできない（ブルペンで同時にピッチングできるのは3人まで）。なので、1週間で全員が投げ込みを均等にできるよう、ブルペン練習やバッティングピッチャーなどに分けて平日のプランを立てている。

具体的には火曜はキャッチボールと遠投、水〜金曜の3日間でブルペンとバッティングピッチャーを30人が一度ずつこなせるようにしている。バッティングピッチャーをやらせるのは、限られた時間の中で少しでも多くのボールを投げる機会を設けることに加え、実戦的なピッチングからよりたくさんのことを学んでほしいからである。

基本的にピッチャーの投げる筋力、スタミナというものは、投げることでしか付けられない。ただ、今は時代の流れもあって、ひとりのピッチャーを連投によって酷使するようなことはあまりない。だから、昔の私がやっていたような、1日に200球も300球も投げ込む練習は必要ないと考えている。

野球界では「ピッチャーは9人目の野手」とよく言われる。投げ終わったら、ピッチャーも内野手のひとりとなる。そこでいい守備をすることが、自分のピッチングを助けることにもつながる。

本校には、メイングラウンドの脇に内野程度の大きさのサブグラウンドもあるので、ピッチャーたちには「守備を鍛えたければサブで練習しなさい」と言っている。バントの処理技術を磨き、二塁、三塁で走者を刺せるようになれば、助かるのは他でもないピッチャー自身なのである。

バント処理の際、少しでも早く投げようと投げる塁の方向に体を向け、半身の態勢で捕球しようとするピッチャーがいる。しかし、この捕り方だと送球する時に重心が軸足に残りすぎ、逆に投げるまでの時間がかかってしまったり、軸足を滑らせたりする要因ともなる。

理想的なバント処理の捕球態勢は、野手がゴロを捕る時の基本姿勢と同じである。ただ、そこから軸足で素早く回転して投げられるようにするには、毎日の練習でステップとターンを鍛え、フィールディングをよくしていくしか方法はない。何かひとつのものを成すのに、近道などないのである。

いいピッチャーになるための投げ方とは
——腕を振る、真っ直ぐに立つ

バッター目線で見ると、腕を思いっきり振って投げてくるピッチャーは球速に関係なく、あるいは球種に関係なく怖いものだ。

そう考えると、腕をしっかり振って投げることのできるピッチャーは、それだけで武器をひとつ持ったことになる。

「腕を振って投げる」

これは、いいピッチャーの絶対条件といってもいいだろう。

ストレートにしろ変化球にしろ、ストライクを取ろうとして、いわゆる「置きにいくピッチング」をすると、必然的に腕の振りが弱くなる。腕の振りが弱まれば球威は落ち、キレも悪くなるためバッターに捉えられる確率は高まる。肝心なのは、ストレートも変化球も同じ腕の振りで投げることである。そうすると、バッターは球種の見極めができず、打ち損じてくれる確率が高まる。

腕の振りが弱いピッチャーに対して「腕を振れ！」と言うばかりでは、逆にそれが力みとなってピッチングを崩す要因になってしまう。だから、私はそんなピッチャーには「フォアボールを出してもいいから、腕を振っていけ」と言うようにしている。試合でマウンドに上がると結果を出そうと慎重になってしまい、腕を振れなくなるピッチャーは多い。それらはすべてフィジカルではなく、メンタルの問題である。だから、ちょっとでも緊張をほぐすために「バックネットに投げてもいいから」とピッチャーに声がけして、マウンドに送り出すこともある。

また、腕を振っていい回転のストレートを投げるには、指先をリリースの最後の瞬間までボールの縫い目にしっかりとかけて投げることが大切だ。イメージとして、現役時代の私は「叩く」感覚でボールをリリースしていた。ちなみに、スライダーは「思いっきりねじる」というイメージだった。

いいピッチングをするためには、下半身から上半身へとパワーをうまく伝えていくことも重要だが、そのための体重移動に関しては、うちのピッチャーにはこのような説明をしている。

①足を上げる時は軸足で真っ直ぐに立つ → 背骨は真っ直ぐ、肩も地面に対して平行

②そのままの体勢で上げた足をキャッチャー方向に踏み込む → 背骨を反ったり、あるいは逆に前屈みになったりしない

この姿勢で投げるだけで、それが制球力やキレの向上につながり、バッターのタイミングを崩す〝間〟となる。

この投げ方ができないピッチャーには、ピッチング練習と平行して体幹トレーニングも行う。また、走り込みによって、ピッチングに必要な体幹を鍛えることも重要である。こうして、真っ直ぐに立つフォームを身に付けることで、軸足の蹴る力が生かされて球威も増していくのだ。

私自身、プロになってから下半身と体幹のトレーニングを積極的に行ったことで、ストレートの球威も増した。高校の時は、ただがむしゃらに投げることばかりを繰り返していたが、プロになって初めて「体幹を鍛える＝いいピッチングフォームになる＝球威が増す」ことが理解できた。もっと早い段階でこの事実に気付いていれば、私の野球人生はより充実したものになっていたと思う。

だから本書をお読みの球児のみなさんにも、ピッチングにおける「真っ直ぐに立つ」「体幹を鍛える」ことの重要性を理解し、早い段階からピッチングフォームの改善に取り組んでいってほしい。

ブルペンでの身になる練習とは?

平日の練習中、私はブルペンでピッチングを見ていることが多い。その際、それぞれのピッチャーがどういう意図を持ってブルペンで過ごしているのかを、じっくりと観察している。

何かテーマや目標を持ってピッチングに取り組んでいるのか?

試合を意識したピッチングをしているのか?

逆に、何も考えずにただ投げているだけなのか?

それは、ブルペンでの投球を見ていれば一目瞭然である。

ブルペンでたった50球しか投げないにしても、それがすべてアウトローへのコントロールを意識したピッチングならば意義がある。たった50球でもそこに目的意識を持つことで、ピッチングフォームはよくなり、頭ではなく体でいいフォームを覚えることができる。

その他にも「この球種を磨く」とひとつの変化球だけに取り組んだり、試合を想定してクイックモーションのピッチング練習をしたりだとか、目的意識を持って投げている選手も決して多くはないが存在する。結局のところ、そうやって自分で考えて練習に取り組める選手が伸びていくのだ。

私は、ブルペンでただ投げているだけのピッチャーに対して「何を考えて投げているの?」とは聞くが、事細かく「ああしろ」「こうしろ」とは言わない。だから、選手たちの中には「もっと監督に言ってほしい(指導してほしい)」と物足りなく感じている者もきっといると思う。

だが、細かい指導を受けるよりも、自分で気付いて修正していったほうがはるかに身になることを、私は己の経験から知っている。だから、選手たちに私が手取り足取りの指導をすることはない。それよりも「どういうふうに伝えたら気付いてくれるか」を考え、選手一人ひとりと接するようにしている。

私の理想としては、各ピッチャーに200球を全力で投げられるようになってほしい。それができるようになれば、試合の終盤で疲れてきてもいいピッチングができる。しかし、今のうちのピッチャーに200〜300球もの投げ込みを私が求めることはないし、実際にブルペンで100球も投げない選手のほうが圧倒的に多いのが実状である。

身になる練習とは「量よりも質」であることは間違いない。何も考えずに200球投げるくらいなら、目的意識を持って50球のピッチング練習に取り組むほうが有効だ。

また、身になるピッチング練習をするためには、キャッチャーの協力も必要不可欠といっていい。優秀なキャッチャーなら、ピッチャーに「今の自分には何が足りないのか」を気付かせてあげることができる。そのように考えると、キャッチャーはピッチャーを育成するコーチのような存在である。そういうキャッチャーが多ければ多いほど、チームが強くなるのは必然といえよう。

これからの高校野球に大エースはいらない

私の高校時代は「連投できるピッチャー」がエースの最低条件だった。甲子園で優勝するようなチームには2連投、3連投、しかもすべて完投勝ちというような「大エース」が存在した。

1998年に甲子園春夏連覇を成し遂げた横浜の松坂大輔投手や、2006年に夏の甲子園の決勝戦で延長15回引き分け再試合の末、全国制覇を成し遂げた早稲田実の斎藤佑樹投手などがその代表格である。

しかし、継投が当たり前になった今の時代では、高校野球や少年野球にも球数制限が導入され、ひとりのピッチャーで完投する、あるいはひとりのピッチャーに連投させるということは少なくなってきた。

このような時代の流れもあり、これからの高校野球界は、かつてのような大エースを必要とはしない時代になっていくだろう。もちろん、絶対的なエースがいれば、私も完投させることはあるかもしれない。でも、昔のようにエースに2連投、3連投させるようなことはしないと思う。

うちが2021年のセンバツに出場した時のように、計算のできるピッチャーがふたり揃っていれば、私はその2本柱を軸としてプランを立てる。大会の流れ、状況を見ながら先発とリリーフをそれぞれに割り当て、決勝までいかに戦っていくかを考えるのだ。

先発、抑えは決め打ちではなく、日替わりでもいいと思う。だが、いずれにせよこれからの時代は、複数人の「計算できるピッチャー」を作らないといけなくなる。近年、全国制覇を成し遂げている大阪桐蔭や仙台育英を見ても、それは明らかである。

全国レベルのチームと渡り合うには、複数人の「計算できるピッチャー」を投手陣に揃えるのが理想だ。しかし大阪桐蔭のように、全国レベルのエース級を4人も5人もベンチに入れるのは、今のうちには難しい。であるならば、エース級とまではいかずとも、ある程度計算のできるピッチャーを5～6人ベンチに揃え、小刻みな継投もできるようにしておくのがベストだと考えている。

2021年のセンバツに出場した際、ベンチ入り18人中ピッチャーは3人しかいなかった。その結果、2回戦で中京大中京に大敗を喫することになるのだが、先ほども述べた通りすべては私の経験不足が招いた結果である。

センバツの敗戦を教訓として、その後の大会ではピッチャーを8人（野手兼も含む）ほど入れて臨んだこともある。しかし、結局のところ8人すべてのピッチャーを使うことはなかった。現状では、ベンチ入り20人中6～7人のピッチャーが必要だと私は考えている。

理想の投手陣構成は、エース格がふたりいて右左が揃っていれば言うことはない。その他の4～5名のピッチャーは、野手もできることが望ましい。

余談だが、高校時代の私はバッティングもそこそこよかったので、投げない時は外野として使ってもらっていた。土日はだいたい練習試合が組まれ、1日に2試合が行われる。エースとなってからの私は、第1試合に登板したら、第

2試合は外野として出場したりしていた。

当時の私は負けん気が強く、第2試合に出られないとベンチで不貞腐れていた。すると、木内監督に「だったら2試合投げろ」と言われて2連投したこともある。また、当時のセンバツは練習試合の結果なども加味されていたので、2年秋の練習試合では私が2連投することもたびたびあった。木内監督からは「練習試合でも絶対に負けるな！」とよく言われたものである。

木内監督は、ピッチャーに対して指導することはあまりなかった。でも、夏の甲子園で準優勝した時にこんなことがあった。

ピッチャーのモーションは、普通テイクバックの時にグローブをしたほうの手は、キャッチャー方向に突き出す。だが当時の私は、投げる時にグローブをしたほうの手を下ろした状態で投げていた。

すると1回戦の福井商戦勝利後、木内監督が私に「テイクバックの時、グローブでキャッチャーミットを指すようにしてみたらどうだ」と言ってきた。2回戦の沖縄水産戦で早速その投げ方を試してみたら、これがしっくりきてまさかの完封勝ち。木内監督に言われたフォームにしたことで、力を抜いた状態でもキレのあるボールが投げられるようになった。このフォームに変えていなければ、たぶん私たちは決勝戦まで進めなかったと思う。木内監督は、そういう眼力も持っている人だった。

このように、ピッチングというものは、ちょっとの変化で大きな収穫を得られる時がある。だから私も今、ピッチャーには多くのことは言わず、ピンポイントでヒントになるようなことを伝えるようにしている。

エースの条件

大エースはいらないと前項で述べたが、投手陣の軸となってくれるエース的な存在はやはり必要だと思う。

「エースとは?」と聞かれたら、私はいくつかの条件を挙げる。

いいピッチングをしてゲームを作ってくれるのはもちろんだが、普段から率先して練習に取り組み、背中でチームを引っ張っていける選手。さらには、チームメイトたちから厚い信頼を得られる選手が、真のエースといえるのではないだろうか。

「こいつのために打ってやろう」

「こいつを勝たせてやりたい」

チームメイトにそう思ってもらえるようになるには、行動と結果で示していくしか方法はない。

私の考えるエースは「心技体」の揃った選手である。その中でも「心」＝「メンタル」の強さはエースの必須条件といっていいだろう。

うちの選手たちの中には、投手・野手問わず「技術はいいものを持っているのに、メンタルが弱いからなかなか実力を発揮できない」というタイプがいる。公式戦で普段通りの力を出し切れないのは、メンタルが大きく影響している。試合をしている最中に「どうしよう」「ダメかもしれない」など、ネガティブな思考に囚われてしまったら、いいパフォーマンスなどできるわけがない。

高校時代の私は、試合になるとワクワクしていた。それが県大会の準決勝や決勝など、大きな試合になればなるほど「やってやる！」とワクワク感が高まった。〝根拠のない自信〟によって「俺が投げれば勝てる」といつも思っていた。また、どんなピンチになっても「絶対に抑えてやる」と思い「やられるんじゃないか」と弱気になるようなことはなかった。当時は今のようなメンタルトレーニングはなかったが、私は生まれながらにしてメンタルが強いほうだったのかもしれない。

メンタルの弱い選手に対して「メンタルを強くしろ」と言うだけで改善されれば、これほど楽なことはない。また、褒めるだけでメンタルが強くなるのなら、私は一日中でも選手たちを褒め続けるだろう。言葉で何かを伝え、それで選手のメンタルを強くするというのは本当に難しい。今の私は「どうやったらこの選手のメンタルを強くすることができるか」をいろいろと考えながら対応策、アプローチ法を常に探っている。

きつい練習に取り組ませたとしても、根性はつくかもしれないがメンタルは強くならない。結局のところ、メンタルを強くするための一番の薬は「自信」なのだと思う。ピンチで抑えたり、試合に勝ったりすることを繰り返していくうちに自信がつき、ちょっとやそっとのことでは崩れない強いメンタルが育まれていく。

自信をつけるには、失敗を恐れずに相手に立ち向かっていくのみである。2度失敗しても、3度目に成功すればそれが自信になる。多くの失敗をしながら経験を積んでいくことが、メンタルを強くする上で何よりも重要なのではないだろうか。

ファーストストライクから積極的に打っていく

木内監督は盗塁やエンドランといった機動力と、バントやスクイズなどの小技を駆使して、相手チームを翻弄するのをとても得意としていた。ただ、そういった野球が「木内野球」かと言われれば決してそんなことはなく、相手や状況に応じて自由自在に攻め方を変えていく臨機応変さこそが「木内野球」の神髄なのだと私は理解している。

私が選手たちに「自分で考えて動く」ことの重要性を説くのは、木内監督が実践していた臨機応変さをチームに求めているからである。だから「これが島田野球だ」と、選手たちを型にはめるようなやり方だけはしないようにしている。「守り勝つ野球」をベースに、打撃のいい選手が揃っていれば攻撃的な野球をし、小技が得意な選手たちが揃っていればスモールベースボール的な野球をしていく。その代、その代で選手の個性を生かしたチーム作りをしていきながら、木内監督のような枠に囚われない野球を目指していきたい。

私はピッチャー出身なので、バッティングの指導に関してはコーチ陣に任せているが「ファーストストライクからどんどん打っていけ」ということだけは選手たちに言い続けている。どんなチーム、ピッチャーであろうとも「(ボールを）見ていけ」とは絶対に言わない。

プロ野球では、ファーストストライクから打っていく選手に好打者が多い。プロのピッチャーは、甘い球を簡単には投げてくれない。高校野球の世界でも、全国レベルのピッチャーはみんなコントロールが優れている。そういった好投手たちを相手にした時、追い込まれたらバッターが苦しくなるだけなので「初球からストライクが来たら打っていく」という心構えが必要なのだ。

ファーストストライクから打っていくことの利点はまだある。1球振ったことによって、それが仮に空振りだったとしても、バッターの気持ちに「最初から振っていけた」という余裕ができる。さらに、振っていくことでタイミングも合うようになるし、タイミングが合ってファウルが続けば、相手ピッチャーに球数を放らせることにもつながる。

また、ピッチャーの立場から考えても、ファーストストライクから積極的にブンブン振ってくるバッターは嫌なものである。甘い球を投じて、相手バッターがフルスイング。それがファウルでも空振りでも、ピッチャーは「このバッターにはもう二度と甘い球は投げられないな」と警戒してくれる。その警戒心が力みとなり、コントロールミスにつながれば、バッターとしてはしめたものである。

2021年のセンバツに出場したチームは「センター返し」を徹底させたところ、打線がつながるようになり、得点力が増した。ただ、その後も「センター返し」と言い続けていたところ、選手たちが当てにいくようなバッティングをするようになってしまった。

この時、私は高校野球の指導の難しさを感じると同時に、その代、その代で伝え方を変えていかなければならないことを知った。だから今は「センター返し」とは言わず「強い打球を打て」と言うようにしている。「バッティングは水物」とよく言われるが、選手たちのバッティングにあまり多くを求めないようにするのが、もしかしたら選手たちのバッティングを伸ばす一番のコツなのかもしれない。

2022〜2023年のオフの実験的メニュー改革の成果

オフシーズン、寒い時期にどのような練習をするのが選手たちにとって一番いいのか、監督となってから毎年試行錯誤を続けている。

60〜70人いる選手たちに、寒い中でフリーバッティングなどをやらせても、なかなか集中して練習できないし、守っているほうも寒いだけで体が冷えてしまう。それならば、冬は野球に必要な体力である「振る力」「投げる力」「走る力」を付けたほうがいいのではないかと考え、2022年12月から2023年2月のオフシーズンに思い切った練習メニューの改革を行った。

まずすべての選手に週2回、牛久駅のそばのジムに通ってウエイトトレーニングをさせた。1日に10人程度、ローテーションを組んで行くようにして、ジムに通う日の練習はウエイトのみ。残りの選手たちはグラウンドで練習を行うようにしたので、効率的にグラウンドを使うこともできた。

野手は守備練習重視で、バッティング練習はロングティのみ。その前年のオフまでやっていたフリーバッティングは土日だけに限定して、守備練習で数多く捕らせることにこだわった。

ピッチャーもブルペンでの投球練習は一切行わず、ランメニューで体力強化に徹した。本当は投げなくてはいけない時期なのかもしれないが、あえて投げるのはキャッチボールと遠投だけにした。

2月になって、土日は紅白戦を行うようにしたが、そこで選手たちは「打球が飛ぶようになった」「球威が増した」と、それなりに体力強化の手応えを感じているようだった。投手陣の体つきもたくましくなり、下半身ができてきたので制球力も高まった。3月に練習試合が解禁になると、私は「負けてもいいから。試合でそれぞれが感じた課題を練習でクリアしていこう」と話した。

大胆な練習メニュー改革を行った結果がどう出るのか？

私自身、春の大会は楽しみでもあり「結果が出なかったらどうしよう」という不安も多少あった。しかし、選手たちはオフにがんばってやってきたことを、春の大会で見事に結果として出してくれた。

私の理想は守備をベースとした「守り勝つ野球」であるが、オフに全力で取り組んだ守備練習のおかげでエラーは減り、守備で崩れることがなくなった。守備のリズムがよくなったことでそれが打撃にもいい影響を及ぼし、打線につながりも出るようになった。

オフにピッチャーのブルペン投球をなくしたのは、私にとっては大きな賭けだった。でも、投手陣はみんなケガすることなく春を迎え、下半身が鍛えられたおかげで力みのない下半身主導のピッチングができるようになった。また、フォームのブレが少なくなったことで、球威もコントロールも向上した。

こうして、私たちは茨城の春季大会を制し、その後進んだ関東大会でもベスト4という好成績を収めることができた。春の大会で想像以上にいい結果を残せたことで、私は「基本練習の大切さ」を改めて認識した。基本練習は地道な作業なので、やっていてもつまらない。でも、それをやりきった先には、必ず自分の身になるものがある。うちの選手たちも、それがよくわかったのではないかと思う。

足の遅い選手にも盗塁させる
――常総の機動力野球

野球界では「バッティングやピッチングには好不調の波やスランプがあるが、守備と走塁にはそれがない」とよく言われる。私もその通りだと思っていて、だからこそ守備練習に多くの時間を割き、盗塁を含む走塁練習や機動力を使った作戦の練習（エンドランやスクイズなど）にも力を入れている。

繰り返しになるが、木内監督は機動力を生かした野球をするのが得意だった。私の野球観にも木内監督の野球は色濃く反映されており、だからこそ先述した走塁練習や機動力を使った作戦の練習を日々行っているのだ。

一人ひとりが抜かりのない走塁をすれば、それは間違いなく得点力アップにつながる。「常に次の塁を狙え」を鉄則として、打てなければ走り、走って主導権を握れば打って出る。選手一人ひとりの走塁の意識が高く、かつ機動力を備えたつながりのある打線が組めれば言うことはない。

私はいつも選手たちに「準備と状況判断」と言っているが、とくに走塁は瞬時の状況判断が求められる。走塁時の判断力をつけるには、とにかく実戦で経験を積んでいくことが重要だ。

日々の練習では、ランナーを付けたシートバッティングやシートノックを行い、より実戦に近い形で走塁技術を磨くようにしている。練習で状況判断がしっかりできるようになったら、あとは練習試合で失敗を恐れずに積極的な走塁をしていくだけである。こうやって普段から「次の塁を狙う」意識を高めておけば、それが本番のここぞという大事な場面で生かされるのだ。

盗塁でスタートする際、上体が反ってスピードに乗れない選手がたまにいる。こういった選手に「一歩目はどっちの足を意識している?」と聞くと、大抵「左足です」と答える。左足スタートで上体が浮き上がらず、低い重心のまま走り出せるのであればそれはそれでいいと思う。しかし、どうしても上体が反ってしまってスピードに乗れないという選手は、左足ではなく右足からスタートするようにすればいいと思う。

右足からスタートする場合のコツは「右足を一塁方向へ少し引く」ということである。スタート時に右足を二塁方向へ（前へ）踏み出してしまうと、上体が浮き上がりやすい。重心を低く保ち、かついいスタートを切るには、一歩目で右足をちょっと引き、二歩目に左足を出すようにする。

機動力を生かした野球をするには、足の速い選手が多ければ多いほどいい。しかし、近年の選手を見ていると、足の速い選手の割合が減ってきているように感じる。だから、私は春先の練習試合などで、足の速い、遅いに関係なく、すべての選手に「失敗してもいいから盗塁をしろ」と命じることがある。

足の速い選手の割合が減っているのなら、全体のレベルの底上げを図るしかない。足の遅い選手に「走らなくていい」「無理しなくていい」といつも言っていたら、その選手は肝心な試合の大事な場面でも「次の塁を積極的に狙う」

ことはしなくなるだろう。

全国レベルの強敵から1点をもぎ取るには、チーム全員が果敢に次の塁を狙っていかなければならない。だからこそ、私は足の遅い選手にも盗塁をさせて「リード幅をしっかり取り、いいスタートを切れば盗塁は成功する」「配球を読んで、変化球のタイミングでスタートを切ればセーフになる」といったことを体で覚えてもらうようにしているのだ。

足の遅い選手であったとしても、練習前のアップやラダートレーニングを意識してしっかり行うことで、アジリティが少しずつ向上するはずだ。アップ時のダッシュでは、コーンの手前でスピードを緩める選手が結構いるが、私はそのような選手には「最後まで全力で走れないやつは本番で使えない」とはっきり言う。アップも走塁練習も試合も、すべてはつながっている。アップをいい加減にやっている選手は、試合でもいい加減なプレーをするようになる。これはプロアマ問わず、共通しているスポーツの真理である。

体のケアと自己管理の重要性

寮で生活している選手は、朝食、昼食ともに学校内の食堂で取っている。コロナ渦で思うような栄養補給ができない時期もあったが、休日の練習時などにはグラウンド脇にある厨房で、女子マネージャーや保護者が手作りの昼食を作ってくれることもある。牛丼やカレー、五目御飯など、ボリューム満点の食事を作り、選手たちの体作りを支えてくれている保護者のみなさんは、本当にありがたい存在である。

高校時代の私は、体のケアなどにまったく関心がなかったし、体作りのための食事などにもまったく無頓着だった。

本書でも述べてきたが、早い段階からウエイトトレーニングやストレッチなどで自分の体をきちんとケアしていれば、もっと長く現役を続けられたはずだ。

歴代最年長プロ野球選手として知られ、50歳で引退した山本昌さん（元中日ドラゴンズ）や、47歳で引退した工藤公康さん（西武ライオンズ他）といった超一流投手は、試合前の準備から試合後のケア、普段のトレーニングまで、すべて緻密な計算の下でメニューを組み、自分を律した生活を送っていた。

そんな超一流の投手たちと比べると、私は体のケアをしっかりやってこなかったので、30歳を過ぎて一気に体のあちこちに不調をきたすようになり、ケガも多くなった。そんな私の現役時代の反省も踏まえ、今の選手たちにはことあるごとに、体作りと体をケアすることの重要性は伝えるようにしている。実戦でいいプレーをするための練習も大切だが、それと同じくらいケガをしないための体作り、トレーニングも大事なのだ。

普段のケガ防止と少しでも長く健康な状態でプレーするためにも、自己管理はとても大切である。うちではトレーニングコーチが週1回来てくれており、選手たちはそこでケガをしないための体作りを学んでいる。

トレーニングコーチは、体力を付けるためのさまざまなトレーニングの他にも、体のケアに関するトレーニングやストレッチを教えてくれている。体のケアの部分でいえば、全身をほぐす入念なストレッチに加え、肩甲骨回りや手首の柔軟性を高めるためのトレーニング、さらにインナーマッスルを鍛えるためのトレーニングなどである。

寮や家に帰って風呂に入ったら、湯船にも浸かるようにして疲れた体をじっくりほぐす。風呂を出た後は、体が冷えないうちにストレッチをする。こういった毎日の自己管理が大切なのだが、選手たちにそれを言っても実践してくれている者はたぶん少ない。

本書では、準備することの大切さを繰り返し説いている。試合の前日に体を整えておくのも、準備のひとつといっていいだろう。試合当日になって「風邪を引きました」などと言っているのも、自己管理ができていない証拠だ。

今の時代はコロナなどもあるので、一概に選手を責めることもできない。しかし、甲子園に出場するためにも普段の生活から自分を律し、自己管理をしっかり行っていくことが重要なのだ。

強豪校と練習試合をして学びを得る

本校の練習試合は、基本的にAチームがホーム、Bチームが遠征というパターンで、3月から11月まで関東近郊のチームをメインに組んでいる。

東海地方や関西のチームとは、滅多に練習試合をしない。また、昔からうちは長期遠征のような多額の費用がかかる遠征旅行も行っていない。これは保護者の負担がなるべく増えないように、という木内監督以来の配慮である。ただ、センバツの出場が決まった場合のみ、2月に沖縄キャンプを張るのが恒例となっている。

2023年の、Aチームの練習試合の主だった対戦校はざっとこんなところである。

【2023年の練習試合・対戦相手】

3月　松商学園、桐光学園、盛岡大附、成田、日本航空、八千代松陰

4月　山村学園、木更津総合、昌平、取手二、前橋商、花咲徳栄、東日本国際、國學院栃木

5月　堀越、銚子商、佐久長聖、帝京長岡、八王子、樹徳

6月　東海大望洋、習志野、中央学院、浦和学院、関東一、学法石川、聖光学院

7月　桐生第一、作新学院

8月　日本航空、東陵、東京学館、立花学園、熊谷商、修徳、星槎国際湘南、山村学園、横浜商、キリスト教学園、世田谷学園、國學院久我山、大宮東

9月　習志野、花咲徳栄

10月　千葉英和、東京農大三、立花学園

11月　創価、盛岡大附、土浦三、前橋工、水戸商、古河一

6月の聖光学院戦は唯一の泊まりでの福島遠征で、毎年の恒例となっている。また、毎年夏の大会直前に作新学院と試合をするのも恒例である。

練習試合では、失敗を恐れずにいろんなことを試す。選手たちにも「失敗を恐れるな」といつも言っている。全国の強豪校と対戦すると「自分たちの今の実力」を肌で理解できるだけでなく、いろんな戦術や采配に触れることで「こういった野球もあるのか」と選手も私も知識を増やすことができる。「相手チームのいいところはどんどん盗め」と、選手たちには口を酸っぱくして言い続けている。

また、歴史のある名門校と練習試合をすると、プレー以外の部分でもいろいろと学ぶことが多い。試合前、試合後の準備や片付け、礼儀、挨拶など、相手チームの選手の行動や振る舞いを見ているだけでも勉強になるし、うちの選手たちも大いに刺激を受けているはずだ。

データよりも現場感覚重視

練習試合の後は、選手たちを集めて試合を振り返る。私はいいプレー、ダメなプレーなど、気になったプレーを試合中にメモするようにしている。それを見ながら、選手たちと試合を振り返り「あのプレーの根拠は?」「あのプレーの時、本当はどうしなければいけなかったか?」を一緒に考えるのだ。いいプレーなら「次もやっていこう」「みんなもできるようにしよう」と話し、ダメなプレーなら「なぜ起こったのか?」「防ぐにはどうしたらいいのか?」をみんなに考えてもらうのである。

監督となってから、いくつもの大会を経ていくことで、プロとは違った高校野球の難しさを感じている。それは相手チームのデータが少ないということだ。

プロは相手チームのことがよくわかっているので、事前に対応策をそれなりに練っておくことができる。しかし、高校野球は相手チームのデータが圧倒的に少ない。全国の高野連によって対応はまちまちだが、東京都のように指導者、部員による偵察行為が全面的に禁止されているところもある。茨城県はそこまで制限されてはいないので、うちでは大会期間中に何名かの部員に試合を見に行かせて、ピッチャーとバッターの特徴、傾向くらいはつかむようにしている（ちなみに茨城県では、横からの撮影は許可されているが、投手の正面からの撮影は禁止されている）。

２０２１年のセンバツでは、１回戦の敦賀気比、２回戦の中京大中京ともに試合の映像を取り寄せて選手たちと一緒に見た。だが、いずれも前年秋の大会の試合映像だったため、うちの選手が3～4カ月のうちにだいぶ成長しているように、相手チームの選手だってガラッと変わっているはずである。だから選手たちには「まあ参考程度にな」と言って映像を見せた。

試合前の準備ということで、相手チームを分析するのはとても大切なことだと思う。ただ、私は試合当日になったら、データよりも現場で得た感覚を重視するようにしている。やはり、古い情報よりもその場で得た新鮮な情報のほうが正確で信頼できる。試合に入ったら、打席から戻ってきた各バッターにピッチャーの球のキレや球威などを聞き、そこから対策を練ったり、狙い球を絞ったりするようにしている。

そもそも、データ通りに試合が運べばこれほど楽なことはない。しかし、人間のすることにミスは付き物だし、ましてや選手たちはプロではなく高校生である。試合中に突然よくなったり、またはその逆で突然悪くなったりすることも往々にしてある。

現場では、想定外のことが起こった時のフレキシブルな対応が何よりも重要となる。それなのにデータばかり重視した凝り固まった頭では、フレキシブルな対応などできるはずがない。試合中、思考の柔軟性を保っておくためにも、現場で五感を研ぎ澄ませ、そこから得られる「生の情報」を大切にすべきだと私は考えている。

「常総学院」の名前だけで有力選手が来てくれる時代ではなくなった

本校の野球部は1学年に30人程度が在籍しているので、3学年合わせて約100人。そのうち10名弱は家からの通いで、残りのほとんどの選手たちが寮で生活している。

今では、私の現役時代のような「レギュラーは寮生活」ということはなく、通学組でレギュラーの選手もいる。ただ、通いの選手は寮の選手よりも通学に時間がかかる分、自主トレの時間などは短くなる。通いの選手には、限られた時間を有効に使うための知恵や工夫も求められるのだ。

余談だが、本校で寮生活をしているのは野球部だけである。ちなみに他の部活を見ると、今は吹奏楽部とバドミントン部が全国レベルの強さを発揮している。水泳部には、シンクロのデュエットの現役オリンピック選手もいる。

甲子園強豪校に復活するために、もちろんシーズンオフの視察活動にも力を入れている。なるべく私が動こうと思っているが、私が行けない時はコーチ陣にフォローしてもらう。

私はピッチャー出身なので、視察に行くとどうしてもピッチャーに目が行ってしまう。でも「こういうところを見ている」という決まったポイントやこだわりはあまりない。現場に行き、プレーを実際に見て感じた「直感」をもっとも大事にしている。

先にも述べたように、今は「常総学院」という名前だけで選手が来てくれる時代ではなくなった。県内の有力中学生選手たちは、県外である神奈川、千葉、東京などの強豪校に行ってしまうパターンも多い。

県内では、近年甲子園によく出場している土浦日大や明秀日立が人気のように思う。その他にも常磐大高や霞ヶ浦などの強豪校もあって、そういったライバル校との競争にもうちは勝っていかないといけない。

私が現役の頃の部員は、ほぼ全員が県内在住だった。県外から来ている選手にしても、私のように茨城に近いエリアの千葉県在住の者がほとんどだった。今は茨城をメインとして、千葉、神奈川、栃木、東京などから選手が集まってきており、県内と県外の割合でいうとほぼ半々である。関東以外から来ている選手はいない。

シーズン中は、視察活動に時間を割くのはなかなか難しい。だから、オフになってから動いているのだが、他の強豪私学の中にはシーズン中から積極的に動いているチームも結構あり、うちも早い時期から動く必要性を感じているところだ。

とにかく、常勝軍団を目指すには勝たなければいけない。甲子園に出場し、そこで勝ち上がってまた全国的な強豪になれば、選手も自然に集まってくる。茨城の野球少年たちに「常総に行きたい」と思ってもらえるように、これからもがんばっていきたい。

大学で「何をするのか」を考えておく
――目的を明確にして進学する

野球部では、2年生が3年生になる直前（2〜3月）に、進路も含めて私と個人面談を行う。最後の夏までどのようにやっていくのかを、そこで各選手と再確認するとともに、卒業後の進路はどうするのか、どの大学に行きたいのかなどを聞いている。

うちの選手たちの進路はほとんどが大学進学である。だから、進路指導も進学を前提として行っているが、選手たちには「大学に行って何をするのか」「大学を卒業したらどうするのか」というところまでしっかり考えてもらう。

近年は、進学率が高まり「大学全入時代」とも言われている。「野球がうまい」というだけで大学に入っても、目的を明確にしておかないと大学卒業後の就職に悪影響が及ぶこともある。だからこそ「大学に行って何をするのか」を考えておくことが大切なのだ。

大学に進学した選手たちの9割は、大学でも野球を続けている。進学先は東京六大学、東都などの他、関東近郊の大学が多い。

私がコーチ・監督になってからの選手たちの進学先を挙げてみる。

［近年の進学先］

●2021年

明治大学、立教大学、日本大学、日本体育大学、駒澤大学、亜細亜大学、東洋大学、國學院大学、拓殖大学、上武大学、大東文化大学、武蔵大学、杏林大学、流通経済大学、神奈川大学、城西国際大学

●2022年

明治大学、法政大学、中央大学、日本体育大学、駒澤大学、立正大学、拓殖大学、共栄大学、東京経済大学、日本ウェルネス大学、東北福祉大学、東京国

際大学、杏林大学

●2023年

日本体育大学、東洋大学、東京国際大学、立正大学、流通経済大学、大東文化大学、日本ウェルネス大学、東京経済大学、東北福祉大学、神奈川大学

以上が本校卒業生の近年の進学先である。2022年はセンバツに出場した代だった。甲子園に出場すると、やはり進学先の幅が広がることがわかる。

本校が文武両道を目指すのは、選手たちが社会に出てからも活躍できる人材になってほしいからである。甲子園はゴールではなく、社会に出るためのスタート地点だと思い、選手たちには「大学卒業後」も見据えてがんばってほしいと思っている。

終章

木内イズムの継承と新たな常総野球の模索

常総OB初のメジャーリーガーを目指して
――ブライアンがサンディエゴ・パドレスとマイナー契約

２０２３年2月、本校のバルザー・ジョセフ・ブライアンが、ピッチャーとしてサンディエゴ・パドレスとマイナー契約を結んだ。

ブライアンはアメリカ人の父を持ち、身長１８２センチ、81キロの恵まれた体から１５０キロを超える速球を投げるため、日本のプロ野球からも注目されていた。ブライアンもプロ志望届を提出していたがドラフトで指名されることはなく、年明けにパドレスから連絡をいただいて、とんとん拍子に話が進んで契約するに至った。

私が母校に復帰したのと同時に、入学してきたのがブライアンたちの世代だったので、彼の入学当初のこともよく覚えている。当時はピッチャーとしてよりも、バッターとして能力を発揮していた。

ブライアンが本格的にピッチャーに取り組んだのは、2年の秋からである。しかし3年春に肘を痛めたため、その後は走り込みやトレーニングを徹底させるとともに、投球モーションの見直しなども行った。

6月になり、ブライアンの肘は短いイニングなら投げられるまでに回復した。そして、復帰2戦目となる明豊との練習試合（茨城県高野連が主催した招待試合）で、彼のストレートが154キロを計測。甲子園強豪校である明豊との試合だったこともあり、ブライアンの名はここから徐々に知られるようになっていった。

ブライアンたちの代にとって最後の大会となる2022年夏、彼は一塁手として試合に出場した。本来なら、ドラフトも意識してどこかの試合で1イニングは投げさせたかったのだが、チームが初戦で敗退してしまったのでその機会を設けられず、彼の最後の夏は終わってしまった。

野球部を引退した後の11月、ブライアンは先を見据えてトミー・ジョン手術を受けた。その後の流れは先述した通りだが、パドレスの担当者は彼のパワー、スピード、投球のバランスなどのレベルが高いと評価してくれており、今後の伸びしろを考えれば「100マイル（160キロ）も見えてくる」と期待してくれている。

2023年6月現在、ブライアンはマイナーでリハビリに取り組んでいる。渡米する前に、私は「150キロは向こうでは当たり前の数字だ。でも、お前のそのストレートに魅力を感じてパドレスは獲ってくれたのだから、早く肘を治してストレートを磨きなさい」と伝えた。

また、そのストレートを生かすための変化球も、まずは1種類でいいので身に付けるようにとも言った。彼はうちにいた頃から、質の高いカーブを投げていた。そのカーブをより極めてもいいだろうし、今後のために私もスライダーの投げ方は教えておいた。

ブライアンは、私から見ても本当に野球を楽しんでプレーしていた。メジャーリーグという大舞台で、彼が大好きな野球をプレーする姿を一日も早く見てみたいものである。

〝勝負師〟として生きた木内監督の魂を受け継いでいく

恩師である木内監督に指導を受けていた頃を思い出すと、木内監督は勝つことに徹した指導者だったと思う。その生き様は、まさに〝勝負師〟だった。当時、私の人間性の未熟さゆえに木内監督の前で不貞腐れたことはあっても、木内監督に歯向かったことは一度もない（残念ながら私にはそういう気の強さはない）。今も目を閉じれば〝勝負師〟としてベンチからグラウンドを見つめる木内監督の姿が浮かんでくる。

私も、木内監督と同じく生粋の負けず嫌いである。あの勝負に徹する姿勢は、私も共感、共鳴するところが大きい。だからこそ、木内監督の〝勝負師〟としての魂を、常総学院の伝統として受け継いでいきたい。

常総学院の監督となり、2023年の夏で丸3年が経つ。3年間やってみて、やはり本校は、甲子園に行かないといけない高校なのだと痛感している。私たちがよくても、まわりが許してくれない。そんな雰囲気が昔からずっとある。これが、もしかしたら常総学院の宿命なのかもしれない。

私が現役の頃は「絶対に甲子園に行く」と、チームの選手全員が目をギラギラさせていた。しかし、今の選手たちには「何が何でも甲子園に行くんだ」というガツガツしたところがあまり見受けられない。心の中では「甲子園に行きたい」と思っているのだろうが、それが熱意や気迫となって表に出てきていないように感じる。

そうはいっても、この私も昔のように「甲子園がすべて」だとは考えていない。甲子園に行けなくても、大学や社会人で活躍する選手を生み出していければそれでいいという思いもある。

だが、先述したように本校を応援してくれているファンのみなさんは、私たちが甲子園に出場することを期待している。それも甲子園に出るだけではダメで、ベスト4くらいまで勝ち上がらないと納得してくれない。私にはそんな印象があるため「やっぱりこれが常総だよね」と言われるようなチーム作りをしていかなければならないと強く思っている。

木内監督は取手二と常総学院の監督として、甲子園で40勝を記録している（歴代7位）。私が監督に就任した当時は「俺もがんばれば40勝に届くかな」と思ったりしたこともあったが、今は追い付くのは容易ではない数字だと認識している。やはり、木内監督の実績は偉大である。

木内監督のような大監督の後を継ぐのは、いろいろと大変であることを最近痛感している。そう考えると、甲子園勝利数歴代1位（68勝）の髙嶋仁さん（智辯和歌山名誉監督）の後を継いだ中谷仁監督は、2021年夏に全国制覇を成し遂げるなど結果を残していて、本当にすごいと思う。彼は阪神タイガースや東北楽天ゴールデンイーグルスで活躍した元プロだが、私も同じ元プロとしてがんばらなければいけない。

監督業をやればやるほど、木内監督やその他の実績を残されている監督さんたちのすごさが身に染みてわかる。私の場合は、何でも木内監督と比べられるのがつらい部分でもあるが、弱音を吐いていても仕方がない。

私にとって、母校の監督を務めるのは宿命だったのだ。木内監督の遺志を引き継ぎ、これからも基本を大切にして、ピッチャーを中心とした守り勝つ野球、1－0で勝つ野球を目指していきたい。

元プロとして——高校野球の監督は難しい

2020年、母校にコーチとして復帰した際「元プロの島田直也が帰ってきた」とマスコミでもずいぶん取り上げていただいた。

監督をしてみてまず思ったのは、プロでやっていた頃の過去の実績などまったく関係ないということである。さらに言えば「元プロなんだから強いチームを作って当たり前」という見方もされる。これがボディーブローのようにじわじわと効いてくる。

現在、高校野球の監督をされている主だった元プロ野球選手は、先述した芝草宇宙監督（帝京長岡）や中谷仁監督（智辯和歌山）の他、このような方々がいらっしゃる。

［主だった元プロの高校野球監督］

●楠城徹（元西武ライオンズ）　九州国際大付（福岡）
●佐々木誠（元福岡ダイエーホークス他）　鹿児島城西（鹿児島）
●小林昭則（元千葉ロッテマリーンズ）　藤井（香川）
●中村良二（元近鉄バファローズ他）　天理（奈良）
●和田孝志（元千葉ロッテマリーンズ）　拓大紅陵（千葉）
●大越基（元福岡ダイエーホークス）　早鞆（山口）
●喜多隆志（元千葉ロッテマリーンズ）　興國（大阪）

この他にも、全国には元プロ野球選手の指導者がたくさんいらっしゃる。いずれの方々も就任当初は「元プロだから」という色眼鏡で見られ、ご苦労されたに違いない。私は就任直後にセンバツに出場し、その後負けが込み始めると周囲の態度や評価が180度変わり、天国と地獄をいきなり味わった。大会での初戦敗退が続いた2021年秋から2022年夏はネガティブな考えに囚われ、食事に出かけるのも控えたほどだった。

そもそも、プロではピッチング、バッティング、守備、走塁とそれぞれ専門のコーチがおり、監督はそれらを統括して見る立場にある。しかし、高校野球の監督はすべてを自分で仕切っていかなければならない。当初はその点にとても戸惑った。

元プロとして、それなりのレベルの野球を選手たちに伝えることはできる。だが、私が指導しているのはプロではなく高校生である。高いレベルの野球を、どう嚙み砕いて伝えていけばいいか。教えすぎるのもよくないので、指導をどの程度に抑えておくか。そういった指導の仕方、伝え方の試行錯誤が毎日続いている。監督として、チームをまだまだまとめきれていないことも、自分でよく理解しているつもりである。

プロとアマの交流が広がり、これから先は元プロ野球選手が高校野球の指導者に転身してくることは、より増えていくだろう。私はプロでたいした活躍はしていないが、すばらしい実績を残した選手が高校野球の監督に就任することもあるかもしれない。しかし、どんなに有名な元プロの選手であっても、高校生の指導にはきっとご苦労されるはずだ。

高校野球の監督は難しい。でもだからこそ、やりがいがある。全国の元プロ指導者の方々に負けないよう、私もより一層精進を重ねていきたい。

エンジョイ・ベースボール
――わからないことはどんどん質問しよう

2023年3月、WBC(ワールド・ベースボール・クラシック)で日本代表がチャンピオンとなり、日本中が歓喜に沸いた。野球の競技人口の減少が続く中、大谷翔平選手や吉田正尚選手をはじめとする日本代表選手の活躍を見て「僕も、私も野球をやりたい」と思った子どもたちは多いに違いない。私も野球界に携わるひとりとして、野球人口を増やすことに貢献していきたいともちろん考えている。

ベイスターズの球団職員時代、私は野球の普及に努める部署で働いていた。その頃、野球教室で一般の小学生たちと触れ合い、ベイスターズのジュニアチームで野球少年たちに指導をした。そこで私は、子どもに野球を教えることの難しさを知った。

子どもたちは一度「つまらない」と思ったら、見向きもしてくれなくなる。だから、私は野球教室では「野球って楽しい」「面白い」と思ってもらえるように、それだけを念頭に置いて子どもたちと接していた。ジュニアチームでも、選手たちの「野球が好き」という気持ちを損なわないよう、彼らのやる気を引き出す指導を心がけた。

今、常総学院の選手たちと接していても、根底にあるのはベイスターズの球団職員時代に感じた思いである。甲子園を目指すために、甲子園で勝つために質の高い野球をしていかなければならないが、それと同時に彼らのやる気も引き出していかないといけない。グラウンドで実際にプレーをするのは、私ではなく選手たちである。選手たちが一生懸命練習し、本気で野球を楽しんでくれれば、自然と結果は付いてくるように思う。

選手たちのやる気を引き出すためには、チーム内での競争も重要なポイントだと私は考えている。１００人いる部員の中で、20人のベンチ入りメンバーに選ばれたいのなら、陰で努力を積み重ねなければならない。「あいつがこれだけやっているなら、俺はそれ以上やろう」という競争心を持つ。そんな気持ちにひとりでも多くの選手になってもらうのが、私の大きな役割だということも認識している。

監督である私のところへ、選手たちはなかなか質問しに来てくれないことは本書で何度かお話しした。恥ずかしいから聞きに来ないのか、敷居が高くて遠慮しているのかはわからない。しかし生きていく上で、恥ずかしがらずに、あるいは遠慮せずに、先輩や目上の人に意見を求めることはとても大事なことだと思う。

「聞くは一時の恥、聞かぬは一生の恥」ということわざにもあるように「あの時、聞いておけばよかった」と後悔するくらいなら、どんどん質問をしたほうがいい。選手が監督やコーチに意見を求めるのは、向上心がある証拠だ。向上心があるから、誰かに質問をする。これは高校野球だけではなく、社会人になってからも非常に大切になってくる生き方だといえよう。

本書で何度も述べてきたように、自分で考えることも大切だが、それと同じくらいまわりの人から意見を聞くことも重要である。恥ずかしがらずに、そして遠慮せずに、どんどん質問する。回答を得た後は、いいものは取り入れ、合わないと思ったものはスルーしていく。その積み重ねが人生をよりよいものにしていってくれるのだと思う。

野球に携わる
指導者、保護者のみなさまへ

何度も言うように、高校野球の指導者、監督は本当に大変な職業である。でも、大変だからこそやりがいがあり、苦労した後にひとしおの達成感や楽しさ、感動が味わえるのだとも思う。

常総学院には、木内監督という偉大な指導者がかつていて「島田になってから弱くなった」とは言われたくないし、もう一度「茨城に常総あり」を県内のみならず全国に示したい。その一心で、今日も指導を続けている。

小学生には野球の楽しさを伝えることが一番大事だということは、先ほども述べた通りである。とはいえ、小学生に野球を指導することの難しさは私もベイスターズの球団職員時代に経験している。野球少年少女を指導されている方々には、難しい問題もいろいろとあると思うが「野球人口を増やす」という大義の下でがんばっていただきたい。

小学生には野球の楽しさを教えることが大切だとはいえ、野球はボールやバットを使う競技であり、ふざけていると思わぬケガにつながりかねない。子どもたちの安全を考えれば、時には選手を叱りつけなくてはならないこともあるだろう。保護者のみなさんには、楽しさの中にも時に厳しさも必要なことは理解してほしい。「野球が好き」「野球は楽しい」という心を育みつつ、それが中学、高校、大学へとつながっていくのが一番である。

近年、高校野球では、指導者による体罰や暴言などがたびたび問題となっている。高校生への指導は一筋縄ではいかないものだが、だからといってそこに暴力を用いるのはあってはならない。

暴言と厳しい指導は紙一重でもあり、どこからが暴言で、どこまでが厳しい指導なのかの線引きも非常に難しい。しかし、暴力、暴言を用いなくても、選手に物事を伝える方法はいくらでもある。それをいかにうまくやっていくかが、今の時代の指導者の腕の見せ所ともいえるだろう。

他校で暴力、暴言の問題が発覚して、それがメディアで取り上げられた際、私はそれを他人ごととはまったく思えない。「自分だったらどうしていただろうか」とまずは考えてしまう。私は、監督としてはまだまだ駆け出しの存在である。あらゆることを自分に置き換えて考え、勉強していかなければならないと思っている。

本校のグラウンドはバックネット裏に観客席もあり、練習試合などではたくさんの保護者のみなさんが観戦にいらっしゃる。ベンチ内で私が「しっかりやれよ！」と励ますつもりで選手の肩などを叩いても、それを遠くから見ている人は「監督が選手に手を上げた」と思うかもしれない。だから、ベンチ内での選手とのコミュニケーションにも、細心の注意を払っている。

私と同じように、高校野球に携わっている指導者の方々には「いろいろと難しい時代だが、ともに学び、切磋琢磨しながらがんばっていきましょう」とお伝えしたい。

おわりに

天国の木内監督から「ごじゃっぺ！」と言われないように

間もなく、2023年の夏の大会が始まる。春は県で優勝を勝ち取り、関東大会ではベスト4まで進んだ。選手たちには「春の関東ベスト4は自信にしていいが、天狗になってはいけない」という話をした。夏の大会でも、うちはいつも通りのチャレンジャー精神で向かっていくだけだ。

春の大会では、左腕の3年生ふたり（諸星蒼空、飯塚遥己）と2年生右腕（小林芯汰）のピッチャー3人と、3番を打った川上大宝と2年生の4番・武田勇哉の打棒がうまく噛み合い、関東ベスト4の好成績を収めることができた。だが、夏を戦い抜くには新たなピッチャー、バッターの登場も必要不可欠である。1年生から3年生まで、どの選手がチームを救う力となってくれるのか、期待も込めて見守っていきたい。

春の優勝によって、夏は県内の他チームが「打倒常総学院」で向かってくる。こちらも、心してかからないといけないが、プレッシャーに負けるようなことがあってはならない。私としては、選手がグラウンドで100％のパフォーマンスを発揮できるように、チームをうまく乗せていくのが役割だと考えている。天国の木内監督に喜んでもらえるような試合を、ひとつでも多くしたい。

本書でもたびたび触れた「木内マジック」の本質とは「乱」だと思う。想定外の作戦を用いたり、相手の隙を突いたりして対戦チームを乱す、混乱させる。そういったプレーが実戦でできるよう、木内監督は普段の練習から選手たちに「自分で考えて動く」ということを徹底させていた。

木内監督は昔からずっと、バイテリティあふれる方だった。だから心のどこかで「何があっても死なない人」だと思っていた。2020年11月、木内監督がお亡くなりになったと最初に聞いた時は、悲しさよりも驚きが先に来て、だいぶ時間が経ってからとてつもない喪失感に襲われた。

木内監督と出会わなければ、私はプロ野球選手にも、そして今の高校野球の指導者にもなれなかった。こうして母校の指導者として復帰できたことに感謝しながら、木内監督の偉大な業績を越えることは簡単にはできないと思うが、追い付け追い越せの精神だけは持ち続けていきたい。

まぬけ、アホなどを意味する茨城弁で「ごじゃっぺ」という言葉がある。私も現役時代に木内監督から「この、ごじゃっぺが！」とよく叱られたものだ。間もなく、常総学院の監督となって4年目に入るが、天国の木内監督から「ごじゃっぺ！」と言われないようにがんばらないといけない。

指導者として、相変わらず試行錯誤の日々が続いているが、木内監督が生きていれば、きっと「お前の好きなようにやれよ」と言ってくれたと思う。生前の木内監督は、チーム外からの意見にはまったく耳を貸さない「我関せず」の人だった。だから生前、私にも「まわりには言わしておけばいい。自分の思うようにやればいいいんだよ」と言ってくれたんだと思うのだ。

私は、高校時代にエースとして甲子園で準優勝を果たした。次に狙うべくは、監督としての優勝、全国制覇である。それが、私のできる木内監督への最大の恩返しだと思っている。

監督である私が弱い気持ちを持っていたら、選手たちに示しがつかない。木内監督のようにどんな時も勝ちにこだわり、前向きに、ひたむきに「木内野球」を進化させた「島田野球」で、全国制覇を狙っていく。

2023年6月　常総学院野球部監督　島田直也

備えて勝つ

2023年７月14日　初版第一刷発行

著　　者／島田直也

発 行 人／後藤明信
発 行 所／株式会社竹書房
〒102-0075 東京都千代田区三番町8-1
三番町東急ビル６F
email：info@takeshobo.co.jp
URL　http://www.takeshobo.co.jp

印 刷 所／共同印刷株式会社

カバー・本文デザイン／轡田昭彦＋坪井朋子
カバー写真／日刊スポーツ（アフロ）
取 材 協 力／常総学院野球部
編集・構成／萩原晴一郎

編 集 人／鈴木誠